Topos plus **Taschenbücher**
Band 325

Alfons Gerhardt

Kranken begegnen

Topos plus Taschenbücher

Topos plus **Verlagsgemeinschaft**

Die Mitglieder der Verlagsgruppe Engagemen
Butzon & Bercker -Kevelaer | Don Bosco -München | Echter -Würzbur
Lahn-Verlag -Limburg | Matthias-Grünewald-Verlag -Main
Paulusverlag -Freiburg Schweiz | Friedrich Pustet -Regensbur
Styria -Graz Wien Köln | Tyrolia -Innsbruck Wie

verlags gruppe engagement

Die Deutsche Bibliothek – CIP-Einheitsaufnahme
Ein Titeldatensatz für diese Publikation ist bei
Der Deutschen Bibliothek erhältlich

Einband- und Reihengestaltung
home.made designarbeit -Esse
Herstellung: Pustet, Regensbur
Printed in German

Topos plus – Bestellnummer: **3-7867-8325-X**

Inhalt

Statt eines Vorworts: Die Geschichte mit dem Tiger …

Es war einmal ein Tiger, den hatte man gefangen und in einen Käfig eingesperrt, und ein Wärter hatte die Aufgabe bekommen, diesen Tiger zu füttern und zu bewachen.

Der Wärter wollte sich das Tier zum Freunde machen, und deshalb redete er ihm immer gut zu, wenn er an den Käfig kam. Aber der Tiger betrachtete ihn feindlich mit seinen grün glühenden Augen. Sprungbereit folgte er jeder Bewegung des Wärters.

Da bekam der Wärter Angst vor ihm und bat Gott, er möge den Tiger zähmen.

Eines Abends – der Wärter war schon schlafen gegangen – verlief sich ein kleines Mädchen in die Nähe des Käfigs und kam den Eisenstäben zu nahe. Der Tiger packte das Kind mit seiner Pranke. Ein Schlag, ein Schrei – als der Wärter erschien, fand er nun noch zerrissenes Menschenfleisch und eine große Lache Blut.

Da wusste der Wärter, dass Gott den Tiger nicht gezähmt hatte. Seine Angst wuchs, und in seiner Angst trieb der Wärter den Tiger in ein dunkles Loch, wo kein Mensch hineinkam. Aber nun brüllte der Tiger Tag und Nacht, und das Gebrüll raubte dem Wärter jeden Schlaf. Es erinnerte ihn an das zerissene Mädchen; manchmal träumte er nachts von diesem schrecklichen Anblick. In seiner Qual bat der Wärter Gott, er möge den Tiger sterben lassen.

Gott antwortete schließlich – aber seine Antwort fiel anders aus, als der Wärter es erwartet hatte. Gott sagte zu dem Wärter: »Lass den Tiger in dein Haus! Lass ihn in deine Wohnung, lass ihn in dein schönstes Zimmer!«
Der Wärter war so fertig, dass selbst der Tod ihm keine Angst mehr machen konnte; er wollte lieber sterben, als ständig das Gebrüll des Raubtiers zu hören. Und so gehorchte er. Er öffnete dem Tiger die Tür, und tief in seinem Herzen stammelte er: »Herr, dein Wille geschehe!«
Der Tiger trat ein und blieb stehen. Lange sahen sie sich in die Augen, der Tiger und der Wärter. Und als der Tiger merkte, dass der Wärter ohne Furcht war und sein Atem ruhig ging, da legte er sich ihm zu Füßen.
So begann sie, die Beziehung zwischen beiden. Aber nachts brüllte der Tiger wieder, und der Wärter bekam von neuem Angst. Immer wieder musste er ihn bei sich hereinlassen, sich ihm stellen, ihm ins Auge sehen – immer wieder, jeden Morgen, jeden Tag. Nie hatte er ihn für immer in Gewalt, gleichsam »ein für alle Mal«. Immer wieder musste er sich auf ihn einlassen – jeden Tag wiederholte sich diese Mutprobe.
Langsam, nach Wochen, ja nach Monaten wurden die beiden gute Freunde. Der Wärter konnte den Tiger berühren, ja ihm so gar die Hand zwischen das Gebiss legen. Nur aus den Augen durfte er ihn nicht verlieren. Wenn sie sich ansahen, der Tiger und der Wärter, dann war es manchmal, als ob sie sich nicht nur gegenseitig erdulden und ertragen müssten, sondern als ob sie irgendwie

einander nötig hatten, um das Leben besser zu verstehen.

HERKUNFT UNBEKANNT

... und was diese Geschichte mit dem Kranksein zu tun hat und mit denen, die Kranken begegnen

Eine Gesprächsrunde in einer Kurklinik: Menschen, die plötzlich ernsthaft erkrankt sind und sich jetzt auf dem Weg der Besserung befinden, reden über das, was sie erlebt haben.
Bei vielen war das so: ein Arztbesuch, weil eine Routineuntersuchung anstand oder weil man sich seit längerer Zeit immer wieder einmal schlapp fühlte, die üblichen Untersuchungen wie Blutabnahme, Ultraschall und Röntgen, und dann, ein paar Tage später, der Telefonanruf der Sprechstundenhilfe: »Kommen Sie bitte bald vorbei, der Arzt möchte Sie dringend sprechen.« Die Angst, die plötzlich aufkam, die bange Frage: »Was wird es denn sein?«, und dann die Antwort: »Da ist etwas, das ist so nicht in Ordnung, das müsste noch näher abgeklärt werden.« So oder ähnlich hatte sich der Arzt geäußert und gleich hinzugefügt: »Sie müssen schnellstens ins Krankenhaus!« Und dort ging es dann Schlag auf Schlag: Operation, Intensivstation, der Befund: bösartig! und später die Beruhigung durch den Arzt: »Wir hoffen, dass wir bei der Operation alles erwischt haben. Nun erholen Sie

sich erst einmal, dann werden wir weitersehen.« Und jetzt sind die, die das so oder ähnlich durchmachen mussten, hier, in dieser Klinik, zur Anschlussheilbehandlung.
Die Gesprächsleiterin, eine erfahrene Psychologin, schlägt eine Fantasieübung vor: »Versuchen Sie, das, was Sie in der Zeit Ihrer Erkrankung erlebt und erfahren haben, in ein Bild zu fassen.« – »Ich kam mir vor, als wäre ich von einem Raubtier überfallen worden«, antwortet einer spontan, »und das Schlimme ist: Das Raubtier ist immer noch da.«
Raubtiere gibt es nicht nur in der Wildnis. »Raubtiere« gibt es auch in uns und um uns herum: Ereignisse, die plötzlich unser Leben verändern, ohne uns zu fragen, ob wir das auch wirklich so wollen, Schicksalsschläge, die uns aus den gewohnten Bahnen werfen, Erlebnisse und Erfahrungen, die uns Angst machen und lähmen. Solch ein Raubtier hat viele Namen; einer davon heisst: Krankheit. Der Kurpatient hatte es so geschildert. »Und das Schlimme ist: Das Raubtier ist immer noch da.«
Raubtiere möchte man am liebsten einsperren – die »Geschichte mit dem Tiger« erzählt davon. Was eingesperrt ist, ist berechenbar und nicht mehr so gefährlich. Welcher Kranke würde das nicht gern von seiner Krankheit sagen: Ich habe sie im Griff, ich kann mit ihr leben! Und wer redet einem Kranken nicht gut zu wie der Wärter dem Tiger! Aber da sind auch die feindlichen, grün glühenden Augen des Raubtiers: die Angst, die Erkrankung könnte sich verschlimmern oder eine neue Krankheit könnte hinzukommen.

In der »Geschichte mit dem Tiger« bittet der Wärter schließlich Gott, er möge den Tiger sterben lassen. Eine Frage, die oft am Krankenbett gestellt wird: »Warum lässt Gott das zu? Wenn Gott wollte, könnte er doch mit einem Schlag alle Krankheiten ausrotten!« Aber Gott gibt eine andere Antwort. »Lass den Tiger in dein Haus«, sagt er zu dem Wärter. »Lass ihn in deine Wohnung, lass ihn in dein schönstes Zimmer!« Das ist eine Zumutung, eine Zu-Mutung im wahrsten Sinn des Wortes. Denn es gehört eine Menge Mut (und Kraft!) dazu, in dem, was einen bedroht und Angst macht, in dem, was einem manche Lebensentfaltungen verbietet und manche Lebensbeschränkungen auferlegt, einen Teil seiner selbst zu entdecken, also nicht nur etwas, was man wie einen Feind für alle Zeiten bekämpfen muss, sondern etwas, was nun einmal zu einem gehört und einen nicht mehr ständig am Leben hindern soll.

»Wenn sie sich ansahen, der Tiger und der Wärter, dann war es manchmal, als ob sie sich nicht nur gegenseitig erdulden und ertragen müssten, sondern als ob sie irgendwie einander nötig hatten, um das Leben besser zu verstehen« – ein starker Satz, mit dem die »Geschichte mit dem Tiger« endet. Man muss ihn schon zweimal lesen, um ihn ganz zu begreifen. In den vielen Jahren, in denen ich als Klinikpfarrer tätig bin, konnte ich immer wieder kranken Menschen begegnen, auf die dieser Satz zutraf; für mich waren dies Augenblicke, in denen ich mehr empfangen durfte, als ich zu geben vermochte.

Die »Geschichte mit dem Tiger« erzählt anschaulich, welche Facetten das Kranksein haben kann. Kranksein ist ja mehr, als dass irgendein Körperorgan nicht mehr richtig funktioniert; Kranksein betrifft den ganzen Menschen, nicht nur seine Körperfunktionen. Kranksein kann Angst bedeuten, Verzweiflung, Glaubensnot, aber auch Neuorientierung. Ein kranker Mensch weiß und durchlebt das, auch wenn er es nicht immer in Worte zu fassen vermag. Ein gesunder Mensch muss sich das von Zeit zu Zeit in Erinnerung rufen.

Die folgenden Überlegungen möchten einen kleinen Beitrag dazu leisten. Sie sind geschrieben für jene, die kranke Menschen betreuen und begleiten, oft über Monate und Jahre hinweg – die Angehörigen eines Kranken haben ja oft eine ähnlich schwere Last zu tragen wie der Kranke selbst. Sie sind geschrieben für jene, die in Krankenbesuchsdiensten von Kirchengemeinden, Krankenhäusern und anderen sozialen Einrichtungen tätig sind. Sie sind geschrieben für jene, die ihr Wissen und ihre Kompetenz, welche sie sich beim Umgang mit Kranken bereits erworben haben, weiter vertiefen wollen. Und sie sind auch geschrieben für Kranke, die sich und ihre Lage ein wenig besser verstehen möchten.

Um das Lesen nicht zu mühsam werden zu lassen, ist – so weit wie möglich – auf Fachsprache und Spezialterminologie bewusst verzichtet worden. Das gilt auch für die inklusive Sprachform: Ich habe sie nicht angewandt, weil dann bei manchen Texten die Lesbarkeit sehr erschwert wäre. Wenn daher in den weiteren Ausführungen von Kranken,

Besuchern, Begleitern usw. die Rede ist, meine ich immer beide: Frauen wie Männer; ich bitte die Leserinnen für diese Entscheidung um Verständnis.

»Gesunde und Kranke haben nicht die gleichen Gedanken«, sagt ein schwedisches Sprichwort. Aber sie können viel voneinander lernen. Darum geht es.

Einen Kranken besuchen – Versuch einer Annäherung

Was krank im allgemeinen sei, hängt weniger vom Urteil der Ärzte als vom Urteil der Patienten ab und von den herrschenden Auffassungen der jeweiligen Kulturkreise.

KARL JASPERS

Dass er krank war und auf einem Auge blind, erfuhr ich erst durch Zufall. Er hätte, danach gefragt, die gleichen Worte gebraucht, die ein Mann aus ganz anderem Lebenskreis einmal benutzte: »Man ist nicht krank«.

HERKUNFT UNBEKANNT

»Hauptsache gesund!«

»Die beste Krankheit taugt nichts!« – Wie oft fällt dieser Satz im Gespräch mit kranken Menschen. Ist eine Erkrankung nur ein Unglücksfall, der eigentlich nicht sein dürfte? Sind die Zeiten des Krankseins sinnlose Zeiten?
Noch nie wurden in der Menschheitsgeschichte, zumindest in unserem Kulturkreis, Gesundheit und Krankheit so stark thematisiert wie heute – mit allen Folgen, positiven wie negativen, die das mit sich bringt. Gesund leben, sich gesund ernähren,

etwas für seine Gesundheit tun – solche Verhaltensweisen sind zu unverzichtbaren Elementen eines modernen Lebensstils geworden. Leben scheint nur dann einen Sinn zu haben und Lebensfreude scheint sich nur dann entfalten zu können, wenn man gesund ist. Krankenkassen werden zu »Gesundheitskassen« (so werben die »Allgemeinen Ortskrankenkassen [AOK]« seit langem mit dem Zusatz: »Ihre Gesundheitskasse«), Krankenhäuser zu »Gesundheitsfabriken«.

Die rasante Entwicklung des medizinischen Fortschritts hat mit dazu beigetragen, dass die Gesundheit häufig als das höchste Lebensgut angesehen wird. »Hauptsache Gesundheit!«, sagen viele, wenn sie zum Geburtstag gratulieren oder Neujahrsgrüße austauschen. Wenn die Medizin schon fast alles kann, dann darf es Krankheit und Schwäche eigentlich nicht geben. Früher war es ganz selbstverständlich, dass das Kranksein zum Gesamt der Lebenserfahrungen eines Menschen dazugehörte; es war eine von vielen Formen der Lebenswirklichkeit – gewiss, eine sehr schmerzhafte, aber es gab sie nun einmal. Heute wird das Kranksein vielfach nur als Unglücksfall gesehen, als Scheitern und Mangel, als etwas, was dem Dasein seinen Sinn nimmt und damit außerhalb des Normalvollzugs des Lebens anzusiedeln ist.

Der Kampf gegen die Krankheit ist im Lauf der Geschichte immer mehr zu einer Angelegenheit geworden, die ein hochentwickeltes Fachwissen benötigt. Und er hat es notwendig gemacht, spezielle Häuser für Kranke zu bauen, weil nur dort die notwendigen medizinischen Maßnahmen ergriffen werden können. Die Einrichtung von Krankenhäusern war (und ist) ein großer Fortschritt, der hier nicht in Frage gestellt werden soll. Aber zugleich hat er (wie viele Fortschrittsentwicklungen) auch seine Schattenseiten. Der kranke Mensch ist von der Welt der Gesunden räumlich getrennt, und somit wird jetzt auch äußerlich sichtbar, was sich innerlich schon längst vollzogen hat: Die Welt des Kranken wird zu einer Sonderwelt, zu einer Welt der Spezialisten, in der es ganz spezifische Verhaltensweisen und Regeln gibt. Und wehe, diese werden nicht eingehalten! Kommt z. B. ein Angehöriger eines fremden Kulturkreises in diese Sonderwelt und bringt ein Stück »Normalität« seines Alltags mit (etwa ein Sinti, zu dessen Lebensgewohnheit es gehört, dass die Familie Tag und Nacht bei dem kranken Angehörigen bleibt, auch wenn er im Dreibettzimmer einer großen Klinik liegt), dann wird dies oft als Störung des Krankenhausbetriebs gesehen und dementsprechend auch reagiert.

Es würde den Rahmen und die Zielrichtung dieses Buches sprengen, näher darauf einzugehen, wie es dazu gekommen ist, dass im Lauf der Zeit das Kranksein immer mehr zu einem »Ausnahmezustand« des Lebens wurde, für dessen Beseitigung hochqualifizierte Spezialisten zuständig sind. Wie die Dinge sich in Zukunft weiterentwickeln ist offen. Die Folgen, die die derzeitige Umstrukturierung des Gesundheitswesens in der Bundesrepublik Deutschland mit sich bringt, sind noch nicht abzusehen.

Krankheit als »Lernort«?

»Die beste Krankheit taugt nichts!« – Mit den Augen der Bibel betrachtet, ist diesem Satz nur bedingt zuzustimmen.

Gewiss, die Evangelien des Neuen Testaments berichten übereinstimmend: Jesus hat Kranke geheilt. In den Krankenheilungen sahen er und diejenigen, die sie erlebten, ein untrügliches Zeichen dafür, dass das Reich Gottes gekommen ist (vgl. z. B. Lk 7,18–23). Viele Krankenheilungen werden direkt geschildert (vgl. u. a. Mk 5,21–43; 6,53–56; Lk 7,1–10; 13,10–17 und Parallelstellen), manche nur nebenbei erwähnt (vgl. u. a. Mt 4,23; 14,14; Mk 1,32; 6,5; Lk 7,21 und Parallelstellen). Immer wird deutlich: Jesus geht es um das Heil des Menschen! Es lässt ihn nicht gleichgültig, wenn Krankheit und Leid dem Menschen das Leben schwer machen. Und auch das Alte Testament weiß um einen Gott, der auf der Seite des Schwachen und Leidenden steht und dessen Heil und Wohlergehen will.

Dieser Kampf gegen die Krankheit führt in den biblischen Schriften aber nicht dazu, Kranksein als etwas zu sehen, was dem Leben jeden Sinn raubt. Dass Kranksein nur verlorene Zeit ist, also ein Zustand, der eigentlich nicht sein darf und deswegen möglichst schnell zu beseitigen ist – eine solche Auffassung ist der Bibel fremd. Die Krankheit gehört genauso zum Menschen dazu wie die Gesundheit; das eine ist lediglich die andere, die dunkle Seite desselben Lebensvollzugs. So wird der Mensch in beiden Erfahrungen, als kranker wie als gesunder, ganz ernst genommen: auch als kranker, auch als schwacher Mensch bleibt er eine wichtige Persönlichkeit, mit der gleichen Würde und Werthaftigkeit ausgestattet wie ein gesunder. Zugleich ist für die Bibel das Kranksein so etwas wie ein Lernort des Glaubens und des Lebens. Ein kranker Mensch ist auf die Grundbedürfnisse und -abhängigkeiten menschlichen Lebens zurückgeworfen; er lernt so eher als ein gesunder, das zu schätzen und zu suchen, was wirklich das Leben trägt und ausmacht. Von dem französischen Schriftsteller Marcel Proust (1871–1922), der zeit seines Lebens an Asthma litt, stammt der Satz: »Gelobt sei die Krankheit, denn die Kranken sind ihrer Seele näher als die Gesunden.« Ein Kranker wird – eher als ein Gesunder – dazu genötigt, Lebenswichtiges von Überflüssigem zu unterscheiden; die Erfahrungen, die er dabei macht, lassen ihn das Leben mit gereifteren Augen sehen. »Auf dem Krankenbett wird der Herr ihn stärken; seine Krankheit verwandelst du in Kraft«, heißt es in Psalm 41,4. Hier ist das Kranksein nicht mehr nur ein reiner Unglücksfall, der sich eigentlich gar nicht ereignen dürfte und – wenn er schon vorkommt – schnellstens beseitigt werden muss, weil sonst das Leben seinen Sinn verliert. Hier ist die Krankheit eine Lebensphase der Bewährung, eine Krise im ursprünglichen Sinn des Wortes (der Begriff »Krise« stammt vom griechischen Wort »krinein« und bedeutet: entscheiden, unterscheiden, auswählen): Krankheit also als eine Phase der Entscheidung und der Neuorientierung, eine Phase, an deren Ende ein Mensch steht, der sich selbst und die Dinge dieser

Welt nach seiner Erkrankung reifer und gefestigter sehen kann als in der Zeit davor.

Dieses Verständnis von Krankheit als »Prozess«, als »Lernort des Glaubens und des Lebens« ist wichtig für alle, die Kranke besuchen, begleiten oder pflegen wollen. Denn wie ein Krankenbesuch, eine Krankenbegleitung oder eine Krankenpflege aussehen und welche Beziehung sich zwischen dem Kranken und dem Besucher, dem Begleiter, dem Pfleger entwickelt, das hat sehr viel damit zu tun, in welcher Weise beide sich und ihre augenblickliche Situation wahrnehmen und zulassen. Der äußere Rahmen eines Krankenbesuchs ist einfach zu beschreiben: Ich betrete das Krankenzimmer, gehe zu dem Kranken, überreiche ihm vielleicht ein Geschenk, führe mit ihm ein mehr oder weniger tief gehendes Gespräch, erfülle ihm die eine oder andere Bitte und verabschiede mich dann nach einiger Zeit wieder. Das ist – etwas grob skizziert – der äußere Rahmen, aber eben nur der *äußere*; was sich auf einer *inneren*, einer tieferen Ebene ereignet, das ist viel wichtiger. Und das allein entscheidet darüber, ob ein Besuch bzw. eine Begleitung gelingt oder nicht.

Kranke besuchen = Kranke begleiten

Auf diese innere Ebene soll in den weiteren Überlegungen näher geschaut werden. In welcher »Rolle« gehe ich zu einem Kranken? Wie sehe, wie verstehe ich mich? Ist mein Krankenbesuch eine (vielleicht lästige) Pflicht, die nun einmal ansteht, weil der Nachbar oder der Arbeitskollege im Krankenhaus liegt? Absolviere ich den Besuch, damit ich mir im Nachhinein nicht vorwerfen lassen muss: »Du hättest einmal nach mir schauen können!«? Oder ist mein Besuch ein Ausdruck meiner Verbundenheit, meiner Wertschätzung des erkrankten Menschen?

Fragt man diejenigen Frauen und Männer, die in der Krankenhaus- und Klinikseelsorge tätig sind, nach ihrem Berufsbild, also nach ihrem Selbstverständnis als Besucher von Kranken, dann werden sie antworten: Wir sind Begleiter, Begleiter von Menschen, die durch eine Krankheit in eine krisenhafte Lebenssituation geraten sind! Als Begleiter verstehen sie sich aber nicht nur, wenn sie Kranken begegnen; als Begleiter verstehen sie sich auch, wenn sie mit den Angehörigen der Erkrankten sprechen und wenn sie in Kontakt sind mit all denjenigen, die von Berufs wegen mit kranken Menschen zu tun haben (Pflegepersonal, Therapeuten, Ärzte usw.).

Das wäre also ein erster Punkt im »Berufsbild« dessen, der Kranke besuchen möchte: Ich will nicht nur einmal »schnell vorbeischauen«, ich will vielmehr den Kranken begleiten. Und das hat Folgen. Wer einen anderen begleitet, begegnet ihm partnerschaftlich. Er akzeptiert, dass dieser andere das Recht hat, selbst, in eigener Verantwortung, über sich und seinen Weg zu entscheiden. Die Aufgabe eines Begleiters besteht nicht darin, den anderen zu bevormunden, sondern darin, ihn bei seiner eigenen Entscheidungsfindung zu unterstützen, ihm mögliche Alternativen aufzuzeigen und ihm bei den nächsten Schritten, die er gehen möchte, ermutigend zur Seite zu stehen. Die Einstellung: Ich weiß schon, was für dich gut ist!, hat hier nichts zu suchen. Der kranke Mensch ist nicht ein Fall, der behandelt und betreut werden muss, sondern ein Partner, der trotz der körperlichen Einschränkungen, die seine Erkrankung mit sich bringt, seine ihm eigene, unantastbare Würde hat und das Recht behält, über die Dinge, die ihn persönlich angehen, auch selbst zu entscheiden. Dieses Recht auf Selbstbestimmung findet allerdings seine Einschränkung dort, wo es um die Unantastbarkeit und Unverfügbarkeit des Lebens geht. Weil der Mensch sich das Leben nicht selber geben kann, sondern es als Geschenk von Gott erhält, steht ihm auch nicht das Recht zu, selbst zu entscheiden, wann sein Leben ein Ende haben soll. Aktive Sterbehilfe ist ethisch nicht vertretbar, und die Forderung nach Erlaubnis der aktiven Sterbehilfe lässt sich auch nicht – wie dies immer wieder geschieht – mit dem Hinweis auf das Selbstbestimmungsrecht des Kranken begründen (vgl. zur Problematik dieser Frage: Hermann Hepp [Hrsg.], Hilfe zum Sterben? Hilfe im Sterben!, Düsseldorf 1992).

Auch in der Bibel ist der kranke Mensch kein unmündiger »Fall«, sondern eine Person mit Würde und dem Recht auf Selbstbestimmung. Immer dann, wenn Jesus Kranke heilt, fragt er sie zunächst nach ihrem Willen: »Was soll ich dir tun?« (Lk 18,41), oder: »Willst du gesund werden?« (Joh 5,6). Auch hier zeigt sich die Achtung vor der Würde und Freiheit des anderen.

Die Persönlichkeit des anderen achten, sich in

seine Lage einfühlen ... – wer in dieser Grundhaltung einen kranken Menschen begleitet, hebt sich damit wohltuend ab von anderen Begegnungsformen, denen Kranke immer wieder ausgeliefert sind: etwa der Erfahrung, wie eine Sache, ein rein medizinischer Fall behandelt zu werden (Die Galle von Zimmer 8!), oder ohnmächtig einem Apparat von Spezialisten gegenüberzustehen, die mit Fachbegriffen um sich werfen, Therapien anordnen und Medikamente verschreiben, ohne dass man genau weiß, was mit einem los ist und wofür die einzelnen Untersuchungen, Anwendungen und Tabletten nützlich sein sollen. Wer einem Kranken als Begleiter begegnet, ist sich der Gefahr bewusst, wie schnell ein kranker Mensch – weniger aus böser Absicht als aus Unachtsamkeit – infolge seiner Schwäche und Hilflosigkeit wie eine unmündige Person behandelt werden kann: Dieser Gefahr versucht er bewusst entgegenzusteuern.

Auch die christlichen Kirchen verstehen sich in ihrem seelsorglichen Handeln gegenüber kranken Menschen – ganz gleich, in welcher Form dieses Handeln geschieht – als Begleiterinnen, die Mut machen wollen zur eigenen Lebensgestaltung. Um ein Beispiel aus dem Bereich der römisch-katholischen Kirche zu nennen: In der pastoralen Einführung des Buches »Die Feier der Krankensakramente« (es ist das derzeit im deutschsprachigen Raum geltende liturgische Buch für die Krankenpastoral) heißt es: »Bei aller Sorge um das Heil des einzelnen Menschen muss das Verhältnis der Seelsorger und der Gläubigen zu den Kranken und Sterbenden immer vom Respekt vor ihrer persönlichen Lebensgeschichte und ihre Freiheit geprägt sein. Dies hat besonders dann Bedeutung, wenn der Kranke von der Hilfe anderer Menschen abhängig ist. Diese Freiheit besteht nach dem Zweiten Vatikanischen Konzil darin, dass alle Menschen frei sein müssen von jedem Zwang sowohl von seiten Einzelner wie gesellschaftlicher Gruppen, wie jeglicher menschlichen Gewalt, so dass in religiösen Dingen niemand gezwungen wird, gegen sein Gewissen zu handeln, noch daran gehindert wird, privat und öffentlich, als Einzelner oder in Verbindung mit anderen … nach seinem Gewissen zu handeln.«

Die Grundhaltung, dem kranken Menschen als ein Begleiter zu begegnen, der ihn als gleichberechtigten Partner schätzt und nicht als Hilfsbedürftigen entmündigt, ist letztlich eine Folge der Tatsache, dass Jesus sich selbst mit dem Kranken identifiziert, und zwar in seiner bildhaften Rede über das Weltgericht. »Ich war krank, und ihr habt mich besucht« (Mt 25,36), sagt er da zu denen, die gerettet werden und noch gar nicht genau wissen, warum. Im kranken Menschen treffe ich auf den leidenden Christus. Hier erhält die Begegnung mit dem Kranken ihren tiefsten Sinn und kann zu einer religiösen Erfahrung werden.

Die Kranken besuchen heißt dann nicht nur, die Kranken begleiten. Es heißt dann auch: Christus begegnen.

Krankheit als »Krise« – und wie sie das Leben und den Glauben verändern kann

Die beste Krankheit taugt nichts.

PATIENTENREDE

Lieber reich und gesund als arm und krank!

STAMMTISCHGEREDE

Kranksein verändert. Und Kranksein prägt. Während einer schweren oder lang andauernden Erkrankung ist der Mensch ein anderer als vorher, und nach der Genesung kann er nicht einfach wieder an die Tage vor seiner Erkrankung anknüpfen und so tun, als ob nichts gewesen wäre. Es ist in der Zwischenzeit eine Menge passiert, äußerlich wie innerlich – und das hat seine Spuren hinterlassen.

Von dem, was eine Erkrankung mit einem Menschen macht, soll hier die Rede sein. Wer kranken Menschen begegnet, muss ein wenig um diese Vorgänge wissen. Dass mit einer Erkrankung in diesem Zusammenhang mehr gemeint ist als ein harmloser Schnupfen oder eine leichte Magen-Darm-Verstimmung, liegt auf der Hand. Allerdings, es hängt nicht allein vom medizinischen Befund ab, ob eine Erkrankung als leicht oder als schwer

erfahren wird, als belastend oder kaum beachtenswert. Bei dem einen kann ein leichter medizinischer Routineeingriff eine tief gehende Krise auslösen, während ein anderer, obwohl ernsthaft erkrankt, so tut, als sei nichts. (Dass hinter einer solchen nach außen hin gezeigten Gelassenheit oft eine tiefe innere Angst steckt, die man anderen und sich selbst gegenüber nicht eingestehen will oder kann, oder eine Abwehr, die Dinge so wahrzunehmen, wie sie in Wirklichkeit nun einmal sind, das steht auf einem anderen Blatt.)
Kranksein verändert. Eine Erkrankung wirft den Menschen aus der ihm gewohnten und vertrauten Lebenswelt des Alltags hinaus. Jetzt gelten für ihn andere Gesetzmäßigkeiten – und ob er diese Veränderungen will oder nicht, danach wird er nicht gefragt.

Eine weit verbreitete Lebenshaltung: Der Mensch ist nur das wert, was er leistet

Die alte vertraute Lebenswelt, in der man sich heimisch fühlte, als man noch gesund war, war bisher von ganz bestimmten Grundsätzen und Wertvorstellungen geprägt. Eine dieser Grundhaltungen lässt sich – auf einen kurzen Nenner gebracht – so beschreiben: Ich bin als Mensch letztlich nur das wert, was ich leiste! So haben es viele von ihren Eltern oder von anderen Autoritäten als Grundbotschaft oft genug gehört und schließlich als eigene Überzeugung verinnerlicht. »Leiste etwas, dann bist du gut! Benimm dich anständig, dann haben wir dich lieb!« – nach diesem Prinzip gestalten die meisten Menschen unseres Kulturkreises ihr Leben, treffen Entscheidungen und teilen ein in wertvoll und nutzlos.

Es ist jene Grundeinstellung zum Leben, die in vielen Bereichen unserer Gesellschaft unter dem Stichwort »Leistungsprinzip« anzutreffen ist: Wie ein Mensch sich fühlt, was er meint, wert zu sein, das hängt davon ab, was er leistet und wie er »funktioniert«! Wenn ich das erfülle, was andere von mir erwarten, dann bin ich beliebt und anerkannt; wenn ich aber die anderen immer wieder enttäusche, wenn ich versage oder nichts vorzuweisen habe an Leistungen und »guten Werken«, dann werde ich kritisiert und abgelehnt: Ich verliere an Wertschätzung und Anerkennung, Zuneigung und Liebe werden mir entzogen. Folglich werde ich ständig bemüht sein, mich so zu verhalten, wie die anderen es von mir erhoffen. Ich werde versuchen, mich nützlich zu machen, denn nur so scheine ich letztlich meine Existenzberechtigung zu behalten und geliebt zu werden. Von dieser Voraussetzung gehe ich – unbewusst – aus, und so treffe ich meine Entscheidungen. Wünsche, Triebe und Gefühle, die dabei im Wege stehen, werden bekämpft und unterdrückt. Da ich für andere wichtig sein möchte, von ihnen geachtet und anerkannt, werde ich alles daransetzen, mich beliebt und wichtig, ja unersetzbar zu machen: eben durch Leistung und Tun, durch Anpassung und Wohlverhalten. Der gut gemeinte Wunsch an einen Kranken: »Kopf hoch, du wirst noch gebraucht!«, geht von diesem Lebensentwurf aus. Ebenso die Klage eines alten

Menschen: »Ich bin so hinfällig geworden! Ich bin zu nichts mehr nutze!«
»Ich bin so viel wert, wie ich leiste! Ich bin nur liebenswert, wenn ich gut bin und mich nützlich mache!« – eine durchgängie Lebenseinstellung vieler Menschen unseres Kulturkreises. Auch wenn dieses Prinzip manche persönliche Entfaltung einschränkt oder gänzlich verhindert – man hat sich daran gewöhnt und sich mit ihm arrangiert, über Jahre hinweg.
Jetzt, in der Phase der Erkrankung, gerät dieses Lebenskonzept ins Wanken.

Eine weit verbreitete Glaubenshaltung: Auch vor Gott ist der Mensch nur das wert, was er leistet

Die Art, wie ein Mensch sich in seinem Leben einrichtet, beeinflusst auch die Art, wie er seinen Glauben sieht und erfährt. Lebenshaltungen prägen Glaubenshaltungen und umgekehrt.
Wer zeit seines Lebens davon ausgegangen ist, für sich und für andere nur so viel wert zu sein, wie er selbst leistet, der wird dieses Grundgefühl auch Gott gegenüber haben. Dann gilt vor Gott das gleiche, was gegenüber den Menschen gilt: Ich bin nur so viel wert, wie ich an guten Werken vorzuweisen habe. Bemühe ich mich, anständig zu sein und nicht zu sündigen, dann ist Gott mit mir zufrieden. Und auch ich selbst fühle mich dann wohl, denn ich stehe vor Gott ja nicht hilflos und armselig da, sondern habe ihm gegenüber »etwas in

den Händen«. Weil ich einen sittlich vertretbaren Lebenswandel führe, die Gebote halte, meinen Verpflichtungen in Beruf und Familie nachkomme und auf vielerlei Weise Gutes tue, vertraue ich darauf, dass Gott – gleichsam im Gegenzug – mich liebt und dass vor ihm meine Bemühungen und Anstrengungen nicht vergeblich sind. Die Grundbotschaft der Kindheit: »Leiste etwas, dann bist du etwas!«, ist so auch das Grundmuster der Gottesbeziehung: Der Mensch ist vor Gott so viel wert, wie er gut ist, und gut ist er dann, wenn er etwas leistet!

Das heißt umgekehrt: Wenn ich versage, wenn ich sündige und schuldig werde, dann verliere ich vor Gott an Wert; denn kann Gott mich nicht mehr lieben, ich habe ja nichts »geleistet«, im Gegenteil! Folglich schäme ich mich, vor Gott und vor mir selber, und ärgere mich, nicht »stark« genug gewesen zu sein. Es bleibt ein Gefühl der Enttäuschung zurück, ein Gefühl der Demütigung und der Nutzlosigkeit. Um mich aber wieder wohler fühlen zu können und vor Gott wieder »gut dazustehen«, werde ich mich folglich anstrengen, in Zukunft moralisch noch besser zu leben und noch mehr gute Werke zu tun. Der Anspruch an das eigene Verhalten wird erhöht, womit die Gefahr des Scheiterns sich ebenfalls vergrößert! Das alles führt in einen Teufelskreis: Ich verstärke meine religiösen Anstrengungen, um vor Gott etwas vorweisen zu können, und zugleich wächst in mir das Gefühl, vor Gott ständig zu versagen und ihm nie gut genug zu sein. Zurück bleibt ein Mensch, der sich permanent schuldig fühlt und für den es im

Grunde nur eines gibt: immer und immer wieder um Vergebung zu bitten. (Diesen Mechanismus und die Auswirkungen des Verständnisses von Gott als einem »Leistungsgott« auf das Glaubensleben hat recht verständlich und anschaulich der Benediktiner Anselm Grün in seinem Buch »Spiritualität von unten« [Münsterschwarzach 1994] beschrieben.)

Bis in unsere Zeit hinein verbinden Menschen Christentum und Glauben eher mit dem erhobenen Zeigefinger und mit der Botschaft: Du musst, du darfst nicht!, und weniger mit der Zusage: Du bist angenommen, du bist wichtig, dir wird vergeben! – eine fatale Folge des Irrtums, im Christentum eine Moralinstitution zu sehen, der es vor allem darum geht, Gebote zu erfüllen und eine sittliche Ordnung aufrecht zu erhalten. Dabei steht am Anfang des Christentums keine Forderung, sondern ein Geschenk: die Botschaft von einem Gott, der den Menschen von der Last der Sünde erlöst und ihn aus den Zwängen befreien will, die ihn niederdrücken und ihm das Leben beschneiden. Frohbotschaft also, nicht Drohbotschaft. Nur, immer wieder im Verlauf der christlichen Frömmigkeitsgeschichte gab es Zeiten, in denen man Ursache und Wirkung verwechselte: Man dachte, der Mensch muss Gutes tun, damit Gott ihn liebt. Die Bibel kennt das genau umgekehrt: Gott liebt den Menschen ohne Wenn und Aber, und weil der Mensch sich so von Gott geliebt weiß, wird er versuchen, Gutes zu tun und sein Leben moralisch verantwortbar zu gestalten. Die »guten Werke« also nicht, um Gott zu gefallen und von ihm belohnt zu werden – das wäre ein religiös verkleidetes Leistungsprinzip –, sondern die »guten Werke« als Antwort auf die Liebe, die man erfahren hat: Wenn mich jemand innig liebt, wird dies Auswirkungen auf mein Verhalten haben, oder ich nehme diese Liebe nicht ernst. Das allerdings wäre – nach christlichem Verständnis – Sünde.

Die Krankheit führt das Leistungsprinzip (als Lebens- und Glaubenshaltung) in die »Krise«

Kranksein verändert – nicht nur manche äußeren Sachverhalte. Wer schwer erkrankt ist oder wer sich damit abzufinden hat, für immer mit einer Grunderkrankung zu leben, wird seine Lebensgewohnheiten umstellen müssen. Seine alten, ihm so vertrauten Lebensprinzipien tragen nicht mehr, wenigstens nicht mehr so selbstverständlich wie früher. Und auch sein alter Glaube kennt neue Fragen und sucht nach neuen Antworten.

Der kranke Mensch gerät an einen Punkt der Entscheidung und der Neuorientierung, d. h. er gerät in eine Krise. Das Wort Krise kommt, wie oben schon erwähnt, von dem griechischen Wort »krinein«, d. h. »sich entscheiden«. Krise meint hier also nicht eine negative oder gar schuldhafte Erfahrung, sondern jenen Punkt, an dem ein Mensch sich in seiner Lebensgestaltung und Lebenssicht neu orientieren muss. Und das Gleiche kann auch für den Glauben gelten.

Ein kranker Mensch kann nicht so viel leisten wie ein gesunder. Er liegt hilflos, oft auch pflegebedürftig da und »fällt anderen zur Last« (eine verräterische Formulierung!). Bisher hatte er sein Selbstwertgefühl aus der Tatsache bezogen, etwas zu leisten und zu etwas nützlich zu sein. Das ist ihm jetzt nicht mehr möglich, wenigstens nicht mehr in der gewohnten Form. Und so fragt er sich – auf dem Hintergrund seines alten Lebens- und Glaubensmusters, das ihn nun nicht mehr trägt: Welchen Sinn hat mein Leben eigentlich noch? Bisher war er es ja gewohnt, alles selbst in die Hand zu nehmen und sich durch Arbeit und Leistung jenes Maß an Liebe und Anerkennung zu holen, das er brauchte – aber jetzt, in der Krankheit, kann dieser gleiche Mensch kaum mehr etwas eigenständig tun und ist auf die Hilfe und die Rücksichtnahme von anderen angewiesen! Das muss erst einmal verkraftet werden; das kann zu Verbitterung führen, zu Zorn und innerer Leere.

Eine neue Erfahrung für den, dessen Lebensgefühl durch das Leistungsprinzig beeinflusst wird: zu leben und umsorgt zu werden, ohne etwas dafür geben zu können; sein Dasein sinnvoll zu finden, obwohl man nichts dafür zu tun oder zu leisten vermag. Nicht mehr: Ich bin geliebt, wenn oder weil ...!, sondern: Ich bin geliebt, einfach so, ohne Vorleistung, ohne Wenn und Aber! Ich bin geliebt um meiner selbst willen! Eine Erfahrung, die die Theologie mit dem Wort »Gnade« benennt.

Und auch in seiner Gottesbeziehung steht der kranke Mensch vor neuen Herausforderungen: Bin ich Gott noch etwas wert, jetzt, da ich so hilflos daniederliege, jetzt, wo ich vielleicht noch nicht einmal dazu fähig bin, meine gewohnten Gebete zu verrichten? Sicher, man vertraut auf Gottes Beistand und bittet darum, aber zugleich kann die Befürchtung aufkommen: Gott ist mit mir unzufrieden, denn augenblicklich kann ich meinen »religiösen Verpflichtungen« nicht nachkommen. Eine neue Glaubenserfahrung: vor Gott mit leeren Händen dazustehen, mit völlig leeren Händen, und darauf zu vertrauen, dass Gott trotz dieser leeren Hände sagt: Ich liebe dich auch so, du bist auch so wertvoll! Du bist mir wichtig, unabhängig von dem, was du leistest! Und eine neue Gotteserfahrung: Gott sagt immer ein Ja zu mir, nicht erst dann, wenn ich mich mehr schlecht als recht abgemüht habe, um ihm etwas an guten Werken vorweisen zu können. Meine Beziehung zu Gott ist keine Sache von Leistung und Belohnung, sondern eine Sache von Vertrauen und Ehrlichkeit.

Bereits der Apostel Paulus berichtet von einer solchen Krise und Neuorientierung in seiner Glaubenshaltung. Paulus, ein Mann voller Aktivitäten, ständig darum bemüht, das Evangelium in der damals bekannten Welt zu verkünden, erzählt von einem »Stachel«, der ihm ins Fleisch gestoßen wurde, »ein Bote Satans, der mich mit Fäusten schlagen soll, damit ich mich nicht überhebe« (2 Kor 12,7). Welcher Art dieser »Stachel« war, ob es sich um eine körperliche Erkrankung, ein seelisches Leiden oder eine andere Art von Behinderung handelte, darüber sind sich die Bibelwissenschaftler nicht einig. Paulus erzählt, er habe Gott dreimal darum gebeten, von dieser Last befreit zu werden, um wieder ungehindert für die Ausbreitung der christlichen Botschaft arbeiten zu können. Gott aber habe ihm geantwortet: »Meine Gnade genügt dir; denn sie erweist ihre Kraft in der Schwachheit« (2 Kor 12,9). Und Paulus folgert daraus: »Viel lieber also will ich mich meiner Schwachheit rühmen, damit die Kraft Christi auf mich herabkommt. Deswegen bejahe ich meine Ohnmacht ..., denn wenn ich schwach bin, dann bin ich stark« (2 Kor 12,9f.). Es ist ein Paradox des christlichen Glaubens: gerade in seiner Schwachheit kann der Mensch ein lebendiges Gespür für Gottes Gnade bekommen.

Gottesbilder und Erlösungsbilder (nicht nur) von Kranken

»Gesunde und Kranke haben nicht die gleichen Gedanken«, sagt ein schwedisches Sprichwort. Wer kranken Menschen begegnet, muss sich dies bewusst machen. Er muss wissen: Für den Kranken hat die durch das Leistungsprinzip geprägte »Welt des Gesunden« Risse bekommen; und auch eine Glaubenshaltung, die sich aus dem Grundsatz der Leistung her definiert (in der alten theologischen Sprache hieß das »Werkgerechtigkeit«), ist jetzt in Frage gestellt. Sinn- und Glaubensentwürfe, die mit dem Anspruch verknüpft sind, etwas leisten zu müssen, helfen kaum mehr weiter.
Dabei ist jedes Gespräch mit einem Kranken, das in die Tiefe geht (und nicht bei einem Austausch darüber stehen bleibt, wie das Wetter ist und ob das Essen schmeckt), in irgendeiner Form ein Gespräch über die Frage nach dem Sinn der Krankheit und damit auch nach dem Sinn des Lebens

und des Glaubens. Es ist ein Gespräch über die Frage, von wem Hilfe zu erwarten ist und wie Erlösung in diesem konkreten Fall aussehen könnte. Die Bibel – besonders in den Schriften des Neuen Testaments – weiß um viele »Bilder der Erlösung«. Einige dieser Bilder möchte ich vorstellen, weil sie mir geeignet erscheinen, kranken Menschen bei der Suche nach dem Sinn ihrer augenblicklichen Erfahrungen behilflich zu sein. Wenn man selbst um den Reichtum der biblischen Erlösungsbilder weiß, wird man sich eher von der Fixierung auf einen (seinen?) Glauben nach dem Leistungsprinzip befreien und auf die eigentlichen Seiten des Glaubens hinweisen können, auf jene Seiten, die aufrichten, heilen und Kraft geben.
Also, blättern wir in der Bibel, konkret, in den Schriften des Neuen Testamentes, immer mit der Fragestellung im Hinterkopf: Welche Bilder und Vorstellungen von Erlösung und Heilung werden hier aufgezeigt?

- **Erlösung und Heilung: Der Mensch wird befreit von allen lebensfeindlichen Zwängen und Ängsten.**

So ist es im *Markusevangelium* zu lesen: Jeder Mensch, ob gesund oder krank, ist eingepfercht in Ängste und Zwänge, die ihm die Freude am Leben nehmen. Dabei geht es nicht nur um äußere Gesetze und Zwänge; innere Unfreiheiten und Ängste sind meist noch viel beklemmender. Erlösung bedeutet, aus diesem Machtbereich von Ängsten und

Zwängen herausgenommen zu werden. Von nun an gehört der Mensch allein zu Gott (und zu keiner anderen Macht mehr!), und weil Gott die Freiheit des Menschen will, setzt er alles ein, damit der Mensch frei wird und frei bleibt – sogar sein eigenes Leben.
Ängste und Zwänge – sie sind von der Erfahrung »Ich bin krank!« nicht weit entfernt. Eine Krankheit ist mehr als ein körperliches bzw. medizinisches Geschehen. Eine Krankheit lähmt nicht nur den Körper, sie kann den Menschen als ganzen bedrohen. Der Kranke fühlt sich Zwängen ausgeliefert, gegen die er sich nicht oder nur unzureichend zu wehren vermag. So wird das Kranksein zur Begegnung mit Mächten, die sich nur kaum oder überhaupt nicht berechnen lassen. Gerade dann, wenn es noch unsicher ist, welcher Weg zur Genesung führt bzw. ob es einen solchen Weg überhaupt gibt, gerade dann bekommt eine Erkrankung etwas »Dämonisches«: Man ist ihr ohnmächtig ausgeliefert und weiß sich nicht zu helfen. Wer solche Erfahrungen durchleidet, sehnt sich danach, wieder festen Boden unter die Füße zu bekommen und – wenigstens in einigen Bereichen – sein Leben weiterhin selbstständig gestalten zu können, ohne von der Erkrankung und ihren Folgen abhängig zu sein, manchmal bis in die kleinsten Alltäglichkeiten hinein.

Der Weg, in einer solchen Situation wieder zu mehr Lebenssinn zu finden und etwas von Erlösung zu erfahren, könnte damit beginnen, jene Freiräume bewusst wahrzunehmen und zu gestalten, die einem trotz der Einschränkungen durch die Krankheit geblieben sind. Zwänge und Einengungen verlieren ihre Macht, je realistischer man sie sieht und je weniger man verbittert gegen sie anrennt. Ein Stück Erlösung könnte auch darin bestehen, ein Gespür dafür zu entwickeln, dass äußere Zwänge und Grenzen dem Menschen nicht automatisch auch die innere Freiheit rauben müssen. Wer darauf vertrauen kann, dass Gott stärker ist als all die lebensfeindlichen Mächte, die einen bedrohen und ängstigen, der wird die Hoffnung so schnell nicht aufgeben, selbst in den Augenblicken, in denen er das Gefühl hat, einer Krankheit ohnmächtig ausgeliefert zu sein. Dem, der unter Zwängen, Einschränkungen und Ängsten leidet, gilt die Zusage: Gott steht an deiner Seite und wird dir die Kraft schenken, die du brauchst, um dort, wo deine Krankheit besiegbar ist, gegen sie anzukämpfen, und dort, wo du in Zukunft mit ihr leben musst, mit ihr auch einigermaßen zurechtzukommen.

- **Erlösung und Heilung: der Mensch findet einen neuen Weg, sein Leben menschlicher und erfüllter zu gestalten, und er bekommt die Kraft, diesen Weg auch zu gehen.**

Das Dasein des Menschen kennt viel Leid und Dunkel. Aber aller Widernisse zum Trotz kann das Leben gelingen, wenn man sich Jesus anvertraut und mit ihm verbunden bleibt. Das *Lukasevangelium* entfaltet dieses Bild von Erlösung: Wer Jesus

nachfolgt und versucht, sich dessen Lebensart zu seiner eigenen zu machen, der findet den Weg zur eigenen Vollendung. Ganz deutlich wird dieses Verständnis in der Emmausgeschichte (Lk 24,13–35): der Weg des Lebens gleicht dem Weg der Jünger vom Dunkel der Verzweiflung und des Todes hin zum Licht der Auferstehung und des Lebens.
Das Leben als ein Weg zwischen Scheitern und Gelingen – eine Erkrankung kann einen zu einem Punkt führen, an dem man anfängt, sein bisheriges Leben mehr als sonst zu überdenken und in der Vergangenheit nach Anzeichen und Ursachen für das zu suchen, was jetzt ist. Häufig fragen sich kranke Menschen: Was habe ich nur falsch gemacht? Wieso ist gerade mir das passiert? Wieso bin ich krank, und andere sind es nicht? Und so grübelt man vor sich hin: Manches, was war, bleibt undurchschaubar, mit Fragezeichen behaftet, und einiges erscheint im Nachhinein sinnlos. War nicht sogar alles vergeblich?
Aber gab und gibt es nicht auch Seiten und Abschnitte des Lebens, die gelungen sind? Ist in der Vergangenheit, mit all ihren Verstrickungen und Umwegen, irgendwo ein roter Faden zu entdecken, der allem seinen Sinn und Halt zu geben vermag? Und wie kann es weitergehen, jetzt, da man merkt: Manche Vorstellungen und Hoffnungen sind unwiderruflich dahin, weil früher die Entscheidungen so und nicht anders gefallen sind?

Der Weg, in einer solchen Situation wieder zu mehr Lebenssinn zu finden und etwas von Erlösung zu erfahren, könnte damit beginnen, gelassener und versöhnter auf die eigene Lebensgeschichte zurückzuschauen. Sicher, da mag es manche Brüche und Verwundungen gegeben haben – aber Gott hat die Möglichkeit, alles zum Guten zu führen. »Gott schreibt auch auf krummen Zeilen gerade«, sagt ein spanisches Sprichwort. So wichtig es ist, sich die inneren Verletzungen anzuschauen, die man im Lauf seines Lebens erlitten hat – es führt nicht weiter, sich dauernd diese Wunden zu lecken und darüber zu jammern, wie schlecht es doch das Schicksal mit einem gemeint habe. Erlösung fängt dort an, wo man gelassener und versöhnter auf seine Vergangenheit zurückblicken kann, als das bisher der Fall war. Denn nicht dann gelingt menschliches Leben, wenn nach außen hin alles stimmt, sondern dann, wenn tief im Herzen das Vertrauen ist, dass dieser ganz konkrete, eigene Lebensweg seinen Sinn erhält in den verstehenden und barmherzigen Augen Gottes, dass also Gott auch dort noch einen tragenden roten Faden findet, wo er nach eigenem Gefühl zerrissen ist.

In einer solchen Grundgewissheit: Wie es auch war, es ist gut so, weil Gott es heilt und erlöst!, lässt sich dann auch gelassener in die Zukunft schauen. Mag kommen, was will, es wird alles seinen Sinn erhalten und gut werden, weil man darauf vertrauen darf, dass das Leben gelingt, wenn man seinen eigenen Weg in Verbindung mit dem Weg Jesu sieht. Das Verständnis des Evangelisten Lukas von der Erlösung verlangt also keinen starken, perfekten Menschen, der alles fest im Griff haben muss und bereits am Ziel eines geglückten Lebens ist; Erlösung ist vielmehr die Heilszusage an alle, die um die Brüchigkeit und die Anfälligkeit ihres Daseins wissen und oft darunter bitter leiden. Auch in der Gebrochenheit der Krankheit, auch in dem Dunkel von Leid und Schmerz bleibt die Sehnsucht nach Lebendigkeit. Es gibt einen sinnstiftenden Grund, der trägt, über alle Abgründe hinweg. Und man braucht sich nicht zu schämen, wenn man schwach ist und Angst hat und sich eher noch auf einem unsicheren Weg als bereits am sicheren Ziel weiß – auch Jesus hat die Brüchigkeit und Ohnmacht des Lebens durchlitten und durchstanden! Am Ende dieses Auf und Ab, am Ende dieses Durchtragens von Leid und Kreuz, wartet auf Jesus – und auf jeden, der sich mit ihm auf diesen Wegcharakter des Daseins einlässt – das Leben in Fülle.

- **Erlösung und Heilung: der Mensch ist befreit aus Schuld und Schuldverstrickung.**

Der Mensch verfängt sich immer wieder in Schuld. Er will das Gute, und tut dann doch das Böse. Oder er befindet sich in einem Kreislauf von Schuld, obwohl er persönlich nichts dazu beigetragen hat. Eltern z. B. wollen das Beste für ihre Kinder, und doch kann es sein, dass sie gerade in dieser lobenswerten Absicht Dinge tun, durch die sie an ihren Kindern schuldig werden.
Wo Menschen leben, ereignet sich Schuld. Mensch sein, ohne schuldig zu werden, ist nicht möglich. Bereits die ersten Seiten der Bibel wissen davon zu erzählen (Sündenfallgeschichte).

Es würde hier zu weit führen, auf das christliche Verständnis von Schulderfahrung und Schuldverstrickung näher einzugehen. Die Theologie verwendet für diese Problematik den Begriff »Erbschuld«: Die Lebensgeschichte eines Menschen ist nicht nur eine Hoffnungs- und Liebesgeschichte, sie ist auch eine Schuldgeschichte. Mit dieser Erfahrung, sich immer wieder in Schuld zu verstrikken, ohne es absichtlich zu wollen, werden viele Menschen nur dadurch fertig, dass sie sich selbst verurteilen. Aber Selbstvorwürfe helfen nicht weiter; sie drücken den Betreffenden nur noch weiter nach unten und erzeugen bei ihm neue Minderwertigkeits- und Schuldgefühle.
Erlösung nach dem *Matthäusevangelium* bedeutet, aus diesem Teufelskreis von Schulderfahrung und Selbstbestrafung befreit zu werden: Die Verfehlungen und Sünden des Menschen sind mit dem Kreuzestod Jesu tatsächlich und endgültig vergeben (vgl. auch Kol 2,14: »Er [Jesus] hat den Schuldschein, der gegen uns sprach, durchgestrichen und seine Forderungen, die uns anklagten, aufgehoben. Er hat ihn dadurch getilgt, dass er ihn an das Kreuz geheftet hat«). Ich muss mir selbst gegenüber kein strengerer Richter sein, als Gott es ist. Und folglich muss ich mich von meinen Ängsten und Schuldgefühlen nicht mehr derart quälen lassen, dass sie mir jede Kraft zum Leben nehmen. Versöhnung ist immer stärker als Schuld. Im Credo, dem christlichen Glaubenbekenntnis, heißt es nicht: Ich glaube an die Sünde; es heißt vielmehr: Ich glaube an die Vergebung der Sünden!
Krankheit und Schuld sind zwei Lebensbereiche,

die häufig miteinander in Verbindung gebracht werden. Selbst wenn es vom Kopf her klar ist, dass eine Erkrankung nicht als eine Strafe Gottes angesehen werden kann, scheint dann, wenn es ernst wird, diese Frage doch noch nicht so eindeutig beantwortet zu sein. In den Umbrüchen, die das Durchleiden einer Erkrankung mit sich bringt, können nicht bearbeitete Schulderfahrungen und unterdrückte Schuldgefühle an die Oberfläche gespült werden. Gerade schwer und lebensbedrohlich Erkrankte haben häufig das Bedürfnis, Schulderfahrungen in ihrer Lebensgeschichte endgültig zu klären und zu bereinigen. Zum äußeren Schmerz kommt dann der innere Schmerz hinzu.

Der Weg, in einer solchen Situation wieder zu mehr Lebenssinn zu finden und etwas von Erlösung zu erfahren, könnte damit beginnen, Schuld als Schuld zuzulassen und – ohne Scheu – auch so zu benennen. Ich darf zu meiner Schuld stehen, ohne dass der Himmel einstürzt und ohne dass ich von Gott bestraft werde – eine solche Erfahrung ist bereits ein Stück Erlösung! Manche tun sich schwer damit, weil sie zwar in vielerlei Weise das Wort der Vergebung hören, ihm aber trotzdem in ihrem Inneren nicht so recht trauen. Sich wirklich darauf zu verlassen, dass alles vergessen ist und dass nichts mehr an Vorwürfen, Ablehnung und Scham nachhängt, ist für sie wie das Gehen auf dünnem Eis. Es kommt also darauf an, die Zusage der Bibel, dass Gott seine verzeihende Liebe in einem so umfassenden Maß schenkt, wie man es selbst nicht für möglich hält, an sein inneres Fühlen und Erleben heranzulassen. Gott schenkt auch dort Versöhnung, wo der Mensch – aufgrund seiner begrenzten Liebesfähigkeit – die gleiche Versöhnung persönlich kaum zu geben bereit oder in der Lage ist. Manche Menschen sind sich selbst (und anderen) gegenüber ein viel strengerer Richter, als Gott es je sein könnte, und so stolpern sie von einer Selbstverurteilung in die andere. Bei Gott ist das anders: Gott verurteilt nicht, Gott verzeiht! Was für ihn vorbei ist, ist auch wirklich vorbei, endgültig, ohne Wenn und Aber.

Religiöse Gespräche mit Kranken sind oft Gespräche über Schuld und Vergebung. Wenn Menschen – im Blick auf den Kreuzestod Jesu – zu der Freiheit finden, ihren eigenen Selbstvorwürfen und Schuldgefühlen weniger Raum zu geben, als dies bisher der Fall war, dann werden Kräfte frei: Kräfte, die sie dringend benötigen, nicht nur zur seelischen, sondern auch zur körperlichen Heilung.

- **Erlösung und Heilung: im Menschen ist göttliches Leben, und diese Würde bleibt dem Menschen erhalten, ganz gleich, was auch geschieht.**

Dieses Bild von Erlösung ist ganz ausgeprägt im *Johannesevangelium* zu finden. Heilung geschieht weniger in einem äußeren Tun als vielmehr im Sich-Erinnern und Sich-Bewusstwerden dessen, was der Mensch für Gott ist: sein Ebenbild (vgl. Gen 1,26f.). Zwischen Gott und dem Menschen gibt es eine ganz enge Verbindung: Gott wird

Mensch, nimmt die Vergänglichkeit und Hinfälligkeit des Menschen an und schenkt so dem Menschen ein göttliches, unvergängliches Leben. Dieser göttliche Kern im Menschen macht die Würde des Menschen aus; sie kann nicht zerstört werden, auch nicht durch Krankheit und Tod. Erlösung und Heilung geschieht also dadurch, dass der Mensch sich immer sicher sein darf: Ich habe eine mir von Gott gegebene und damit unantastbare Würde, und diese Würde bleibt mir erhalten, ganz gleich, was ich durchstehen und durchleiden muss. Ganz gleich, wie mein Äußeres aussieht und wie es in meinem Inneren bestellt sein mag, in mir gibt es ein Stück göttlichen Lebens, das mich nicht zugrunde gehen lässt; es befähigt mich zur Liebe und wird mich retten!

Gerade dann, wenn ein Mensch sich erbärmlich fühlt, hilflos ausgeliefert an medizinische Apparate, vielleicht nicht einmal mehr fähig, so selbstverständliche Körperfunktionen wie etwa die Verdauung und die Ausscheidung zu kontrollieren, gerade dann also, wenn die Körperlichkeit des Menschen sich in ihrer erniedrigendsten Weise zeigt, kann die Frage nach der Würde der menschlichen Person sehr wichtig werden. Das gilt nicht nur für die Pflegenden: Sie dürfen nicht vergessen, dass dieses hilflos daliegende Wesen ein Mensch ist, ein Mensch mit dem gleichen Recht auf eine achtsame und würdevolle Behandlung wie jeder Gesunde. Das gilt auch für den Kranken: Für ihn kann es Augenblicke geben, in denen er sich seiner zutiefst schämt und an seiner Würde und Werthaftigkeit zu zweifeln beginnt. Wer schon einmal in seinen eigenen Exkrementen liegen und sich von fremden Personen säubern und waschen lassen musste, weiß dies nachzufühlen. Zu dieser äußeren Scham kann eine innere Scham kommen: Ich bin nichts mehr wert, ich falle anderen nur zur Last! Und zurück bleibt dann – im schlimmsten Fall – das Gefühl, kaum mehr zu sein als ein Häufchen Dreck.

Der Weg, in einer solchen Situation wieder zu mehr Lebenssinn zu finden und etwas von Erlösung zu erfahren, könnte damit beginnen, sich – gleichsam als Protest gegen solche erniedrigenden Erfahrungen – daran zu erinnern: In jedem Menschen gibt es eine unzerstörbare Würde! Diese Würde ist – im Bild gesprochen – ein »Raum« im Inneren des Menschen, der unantastbar ist (vgl. das Grundgesetz der Bundesrepublik Deutschland: Die Würde des Menschen ist unantastbar!). Allein Gott und der betreffende Mensch haben zu ihm einen Zugang, nicht aber Krankheit, Erbärmlichkeit und all die anderen Widrigkeiten, die dem Menschen zu schaffen machen. Für diese Würde braucht der Mensch nichts zu leisten – sie ist ihm für immer von Gott gegeben!
Mag ein Kranker einem Gesunden gegenüber auch in mancher Hinsicht ins Hintertreffen geraten sein, in einem Punkt bleibt er genauso reich beschenkt wie jener: in seiner einmaligen, durch nichts zu ersetzenden Würde. Wer erkennen kann, dass sein Selbstwert und seine Größe nicht so sehr davon abhängen, wie er nach außen hin wirkt oder sich zu geben vermag, sondern dass sie in jenem inneren Kern begründet sind, der Gottes »Wohnort« im Men-

schen ist, der wird vielleicht besser mit jenen Seiten seiner Erkrankung zurechtkommen, die ihn demütigen und ihm schonungslos seine ganze Erbärmlichkeit vor Augen führen. Auch in der größten Hinfälligkeit gilt ihm die Zusage Jesu: »Ich bin gekommen, damit sie das Leben haben und es in Fülle haben« (Joh 10,10). Dieses »Häufchen Elend«, das da liegt, ist ein Mensch mit all der Größe und Würde, die nach biblischer Sicht zum Menschen gehören. Wenn von dieser Erhabenheit im Augenblick auch nicht viel zu spüren sein mag, der Mensch ist und bleibt ein »Ebenbild Gottes«, selbst wenn ihn eine Krankheit noch so entstellt hat.

Es gibt noch weitere Erlösungsbilder in den Schriften des Neuen Testaments, die diese der vier Evangelien näher beleuchten und verdeutlichen. In den *paulinischen Briefen* zeigt sich die Erlösung darin, dass Gott den Menschen rechtfertigt: alles im Menschen, was vorher durch Sünde und Schuld in Unordnung geraten ist, erhält wieder seinen ihm zugedachten Platz. So wird der Mensch von den inneren und äußeren Zwängen befreit, denen er unterworfen war. Wo alles wohl geordnet ist, gibt es kein Leid mehr.

Der *Kolosserbrief* beschränkt sich nicht allein auf die Erlösung des Menschen, er betont vielmehr die Erlösung der ganzen Schöpfung: Christus ist der Herr über alle Mächte und Gewalten, also auch über jene Bedrohungen, die der Mensch nicht in den Griff bekommt. Diese Zusage kann für einen

Kranken gerade dann wichtig werden, wenn bei ihm kein klares Krankheitsbild vorliegt und er aufgrund der ungewissen Diagnose und Behandlung noch größeren, auch irrationalen Ängsten und Befürchtungen ausgesetzt ist als bei Erkrankungen, die überschaubarer sind und bei denen man wenigstens in etwa weiß, woran man ist.

Der *Hebräerbrief* hat einen Menschen vor Augen, der resigniert hat und dessen Glauben und Hoffen immer schwächer geworden sind, weil Erfahrungen von Glück und Erfüllung ausbleiben. Diesem Menschen wird zugesagt: Du hast zum Heiligtum, d. h. zu Gott, einen unmittelbaren, direkten Zugang – der Weg zum wirklichen Leben ist nicht weit! Was diesem Weg noch entgegensteht, hat seine Macht schon längst verloren, selbst wenn du es momentan noch anders erfährst. Weil der Mensch bereits zu Gott gehört, ganz gleich, was sich noch ereignen mag, weil der Mensch sich also allein von Gott her sehen und verstehen darf, behält er seine Größe und seinen Wert, und die widrigen Dinge verlieren an Dringlichkeit und Schärfe.

Die *Offenbarung des Johannes* kennt mitten in einer unwirtlichen Welt einen Schutzraum des Heils, eine Art Zufluchtsort, in dem wir uns aufhalten dürfen und die Widrigkeiten des Daseins aushalten können; denn wir sind ja bereits erlöst. Was uns – innerlich wie äußerlich – bedroht und zu schaffen macht, sind nichts anderes als äußere Zeichen eines Rückzugsgefechts, in dem sich die Mächte der Dunkelheit befinden. Deshalb der Rat an die Bedrängten: Aushalten! Die Entscheidung ist bereits gefallen, das Leben wird siegen!

Wenn ich einem Kranken begegne, wenn ich mit ihm ins Gespräch komme über das Warum und Wieso seiner Erkrankung und damit über den Sinn und die Verzweiflung seiner momentanen Lebenssituation, dann rede ich automatisch mit ihm über Vorstellungen und Bilder von Erlösung, auch wenn ich das so nicht ausdrücklich benenne. Man ist sich dessen meist gar nicht bewusst, denn meist geschieht das Reden ja nicht in einem religiösen Sprachgewand, sondern gleichsam in den Zwischentönen unserer Alltagssprache – aber es geschieht! Der Kranke hört nicht nur die Worte seines Gegenübers und nimmt dessen äußere Erscheinung wahr; er spürt auch etwas von der Lebens- und Glaubenshaltung, die den anderen prägt, und von den Gottes- und Erlösungsbildern, die dahinter stehen. Merkt er, dass hier Prinzipien wie Leistung, Tun und Nützlichsein eine große Rolle spielen, wird er sich enttäuscht zurückziehen; denn dies ist augenblicklich nicht seine Welt, und sie wird es vielleicht auch nie mehr werden. Deshalb ist es wichtig, in den Gesprächen mit Kranken, die ja auch einen Austausch von Lebens-, Gottes- und Erlösungsbildern beinhalten, den Reichtum jener Entwürfe und Sichtweisen von Erlösung mit einzubringen, den die Bibel anbietet: Bilder, die von Befreiung und Versöhnung, von Würde und Liebe und von einer hoffnungsvollen, trotz aller Bedrängnis gelingenden Zukunft erzählen.

Das geht aber nur, wenn man bereits vorher für sich selbst diese Bilder betrachtet und ihre Zusagen für das eigene Leben verstanden und in sich aufgenommen hat.

»Bilder« von Erlösung

- **Gott befreit mich aus den Ängsten und Zwängen, die mich einengen und mich am Leben hindern.**
  (Markusevangelium)

- **Gott zeigt mir Wege auf, mich mit meinem Leben auszusöhnen und es menschlicher und erfüllter zu gestalten.**
  (Lukasevangelium)

- **Gott vergibt mir meine Schuld und befreit mich aus dem Teufelskreis von Verurteilung und Selbstvorwürfen.**
  (Matthäusevangelium)

- **Gott schenkt mir eine unzerstörbare Würde: Ich bin sein Ebenbild.**
  (Johannesevangelium)

- **Gott bringt in meinem Leben alles wieder in Ordnung; somit bin ich vor ihm wieder im Recht.**
  (Paulinische Briefe)

- **Gott ist stärker als alles, was mich bedroht.**
  (Kolosserbrief)

- **Gott hat den Weg zwischen ihm und mir geöffnet und alles besiegt, was mich bedrohen und mir das Leben nehmen könnte.**
  (Hebräerbrief)

- **Gott macht mir Mut, in den Kämpfen des Daseins auszuhalten: Das Leben hat bereits gesiegt.**
  (Offenbarung des Johannes)

Krankheit als Prozess – und wie er erlebt und begleitet werden kann

Trost

Als ich weinte
in deinen Armen,
hast du nicht versucht,
meine Tränen zu stillen.
Du hast mich festgehalten,
damit ich
weiter weinen konnte
als allein.
So hast du
mir geholfen.

HANS CURT FLEMIG

Urteile nie über einen Menschen, wenn du nicht zwei Tage und zwei Nächte lang in seinen Mokassins gelaufen bist!

INDIANISCHE SPRUCHWEISHEIT

Wer einen anderen Menschen begleiten will, muss etwas von der Person wissen, in deren Leben er eintritt und mit der er sich auf den Weg macht. Ein altes indianisches Sprichwort sagt: »Urteile nie über einen Menschen, wenn du nicht zwei Tage und zwei Nächte lang in seinen Mokassins gelaufen bist.« Die Begegnung mit einem kranken Menschen kann nur gelingen, wenn man sich auf dessen Gefühls- und Erlebniswelt einlässt, ohne allerdings ganz von ihr aufgesogen zu werden; denn das wäre niemandem dienlich, dem Kranken nicht und dem Begleiter nicht.

Empathie als Grundhaltung in der Begleitung

Sich auf den anderen einlassen, ohne ganz von ihm und seiner Situation vereinnahmt zu werden – in der therapeutischen Arbeit spricht man hier von der Haltung der Empathie. Damit ist gemeint: Ich öffne mich gegenüber dem anderen und halte zugleich Distanz zu ihm. So viel Nähe wie möglich und so viel Distanz wie nötig! Ich öffne mich so weit wie möglich den Gefühlen des anderen und versuche, dessen jeweilige emotionale Lage für mich selbst lebendig werden zu lassen, aber ich halte zugleich so viel Abstand, wie nötig für mich ist, um innerlich stabil zu bleiben und um nicht gänzlich von den Gefühlen des anderen aufgesogen zu werden. Ich kann nicht mit jedem krank werden, den ich besuche, und ich kann nicht mit jedem sterben, den ich im Sterben begleite. Bei aller Nähe braucht es also eine gewisse Distanz, denn nur aus diesem Abstand heraus ist es mir möglich, dem, den ich begleite, gegebenenfalls auch Alternativen anzubieten zu jenen Sichtweisen, in denen er augenblicklich sich und seine Situation wahrnimmt und erlebt. Es geht beim Begleiten eines Menschen ja nicht nur darum, sich möglichst einfühlsam in den anderen hineinzuversetzen; es geht auch darum, ihm den Blick zu ermöglichen zu jenen Lebensfeldern und -bereichen, die ihm momentan aufgrund seiner persönlichen Lage nicht zugänglich zu sein scheinen. Und das geht manchmal nicht ohne eine geduldige, aber auch liebevolle Konfrontation.

Um es an einem Beispiel zu verdeutlichen: Empathie bedeutet, die Traurigkeit eines Kranken an sich heranzulassen, der spürt, dass manche Dinge, die er bisher unternommen hat (z. B. sportliche Aktivitäten), ihm in Zukunft infolge seiner Erkrankung nicht mehr möglich sein werden. Es hilft ihm nämlich nicht weiter, den Verlust eines konkreten Lebensbereichs zu verharmlosen (was ja meist unbewusst aus dem Bestreben heraus geschieht, die eigene Person vor jenen schmerzlichen Gefühlen zu schützen, mit denen der andere zu kämpfen hat). Also, die Gefühle des anderen nicht ausreden noch bewerten oder korrigieren, sondern sie annehmen. Empathie heißt, dem anderen so offen und warmherzig zu begegnen, dass er spürt: Ich bin in meinen Empfindungen ernst genommen und angenommen! Empathie heißt aber auch, dem, den ich begleite, jene Lebensmöglichkeiten vor Augen zu führen, die er in seiner momentanen Gefühlslage nicht sehen möchte oder noch nicht zu sehen vermag. In dem hier genannten Beispiel könnte dies der Hinweis auf Fähigkeiten sein, die ihm auch weiterhin zur Verfügung stehen und die, wenn er sie neu entdeckt und wagt, einen Teil des Verlusts ersetzen könnten (z. B. ein neues Hobby anstelle des alten Hobbys Sport).

Ein anderes Beispiel: Ein Kranker ist verbittert, weil

er von seinem jüngsten Sohn nicht besucht wird. Mit diesem Sohn lebt er allerdings seit Jahren im Streit, um Grunde wegen einer Lapalie (so wenigstens stellt es sich für Außenstehende dar). Empathie würde sich in diesem Falle darin zeigen, den Ärger und die Enttäuschung des Vaters wahrzunehmen und ernst zu nehmen, auch wenn man es selbst für sich nicht nachvollziehen kann, warum es wegen einer solchen Kleinigkeit zu einer jahrelangen Entfremdung kommen konnte. Empathie bedeutet jedoch zugleich, den verbitterten Vater mit der Frage zu konfrontieren, ob der Gegenstand der Verärgerung es rechtfertigt, so lange miteinander im Bösen zu leben, und ob er, der Vater, es nicht auch selbst in der Hand hat, aus der Lage, unter der er leidet, einen Ausweg zu finden, etwa dadurch, dass er von sich aus die Mauer des Schweigens gegenüber seinem Sohn aufzubrechen versucht und nicht erst wartet, bis der Sohn dies irgendwann einmal tut. Für den verbitterten Vater ist ein solcher Hinweis wichtig; wie will er sonst aus der Phase seiner inneren Verhärtung herausfinden, wenn nicht mit Hilfe von »außen«? Aber vermutlich wird er diese Worte zunächst nicht gerne hören und den, der sie sagt, mit Ablehnung bestrafen: daher dieses gesunde Maß an Distanz, das ich mir – bei aller emotionalen Nähe – bewahren muss, wenn ich dem anderen durch meine Begleitung helfen möchte, jenen Weg zu entdecken, der ihn augenblicklich weiterführt.

So viel Nähe wie möglich, so viel Distanz wie nötig: Die Haltung der Empathie gleicht einer Gratwanderung, die immer neu gewagt und geübt werden muss. Geht jemand im Kontakt mit einem Kranken zu sehr auf innere Distanz und hält sich mit seiner eigenen Person völlig aus dem Geschehen heraus, wird es nicht zu einer lebendigen Begegnung kommen: Worte und Gesten bleiben an der Oberfläche. Geht hingegen jemand in der Begleitung eines Kranken zu sehr in dessen Gefühlswelt auf und leidet jeden Schmerz mit, wird er bald so überfordert und ausgelaugt sein, dass auch er nicht mehr weiterkann und schlimmstenfalls selbst erkrankt. Damit ist niemandem geholfen, dem Kranken nicht und seinem Begleiter nicht.

Die Haltung der Empathie erfordert also den Einblick in das emotionale Empfinden und die Innenwelt eines Kranken, um diesen besser zu verstehen und sein Verhalten sachgerechter deuten zu können. Sie ermöglicht zugleich, die eigenen Empfindungen und Gefühle besser einzuordnen und so der Gefahr zu entgehen, von bedrückenden Erlebnissen derart stark belastet zu werden, dass dies auf Kosten der eigenen seelischen Gesundheit geht.

Um ein wenig den Blick in die Innenwelt eines Kranken zu eröffnen, möchte ich mich eines Verstehensmodells bedienen, das die Schweizer Sterbeforscherin Elisabeth Kübler-Ross entwickelt hat. Sie wertete zahlreiche Gespräche aus, die sie und ihre Studentinnen und Studenten in Amerika mit sterbenden Menschen geführt haben. Das Ergebnis dieser Untersuchung: Ein Mensch durchlebt im Prozess seines Sterbens unterschiedliche Phasen, und diese Phasen prägen ihn in seinem emotionalen Empfinden und beeinflussen ihn in seinem Verhalten. Was Elisabeth Kübler-Ross über Sterbende berichtet, trifft ähnlich auf alle Personen zu, die einen Verlust erleiden oder einen Abschied nehmen müssen, ganz gleich, wie dieser konkret aussieht. So möchte ich die Ergebnisse dieser Forschungsarbeit, die unter dem Stichwort »Sterbephasen« in die Fachliteratur eingegangen sind, auf die Erlebniswelt der Kranken übertragen.

Die Krankheit nicht wahrhaben wollen

Es gibt Zeiten, da will ein Kranker – ebenso wie ein Sterbender – nicht wahrhaben, dass er krank ist. Er will nichts davon wissen, dass seine Erkrankung ihn mancher oder sogar sehr vieler Lebensmöglichkeiten beraubt und dass er unter diesen Einschränkungen leidet. Und folglich tut er so, als sei dies alles kein Thema für ihn – und auch kein Problem. Die Ängste vor der Bedrohung, die die Krankheit mit sich bringt, sind so groß, dass der Betreffende mit diesen Gefühlen nur zurechtkommt, indem er sie sich verbietet bzw. sie abwehrt. Ließe er sie zu, würde er vermutlich unter der Last der Bedrohung zusammenbrechen. Deshalb spaltet er – unbewusst, nicht absichtlich! – seine Gefühle ab. Wenn er überhaupt über sie spricht, dann tut er dies entweder auf eine sehr distanzierte Weise oder er redet ausgiebig über die Empfindungen anderer, meint aber im Grunde seine eigenen. Ein Kranker, der z. B. immer wieder davon erzählt, wie qualvoll doch heutzutage manche Menschen auf den Intensivstationen der Kliniken sterben müssen, macht damit deutlich, dass er sich augenblicklich mit der Frage nach dem eigenen Tod beschäftigt und Angst vor einem schmerzvollen, beschwerlichen Sterben hat. Er sagt aber nicht: »Ich selbst habe Angst!« Er sagt vielmehr: »Die Armen, die auf einer Intensivstation sterben müssen!« Eine Frau, die vom Arzt darüber aufgeklärt ist, dass auch eine Magenoperation ihr nicht mehr helfen konnte, weil der Krebs zu weit fortgeschritten sei, und dass sie damit rechnen müsse, dass sie nicht mehr lange zu leben habe, spricht zu einem Besucher: »Ich muss nur erst wieder richtig essen können, dann komme ich nach Hause, und nach einer Kur werde ich wieder zur Arbeit gehen!« Das ist objektiv falsch, aber dennoch: Diese Frau lügt nicht! Sie teilt vielmehr ihr subjektives Empfinden mit; die harte Realität, ihre zum Tode führende Erkrankung, vermag sie noch nicht an sich heranzulassen.

Diese Haltung des Nichtwahrhabenwollens und der Abwehr kann notwendig, ja überlebensnotwendig sein, wenn die Erkrankung als so bedrohlich erlebt wird, dass man befürchtet, nicht damit zurechtzukommen, wenn man sich offen und ehrlich den gegebenen Tatsachen stellt. Ohne den Schutz der Abwehr besteht die Gefahr zusammenzubrechen, psychisch wie auch körperlich. Für den Begleiter ist es deshalb wichtig, das Nichtwahrhabenwollen zu respektieren und auszuhalten. Zugleich ist feinfühlig darauf zu achten, ob und wann der Betreffende Signale aussendet, die andeuten, dass er sich in seiner derzeitigen Haltung des Verdrängens unsicher wird und dass Fragen in ihm wach werden, die er nicht mehr ohne weiteres auf die Seite schieben kann. Irgendwann genügt es nicht mehr, vor der Bedrohung durch die Krankheit und den damit verbundenen Gefühlen nur die Augen zu verschließen in der Hoffnung, damit sei alles erledigt. Irgendwann geht diese Rechnung nicht mehr auf.

Auf die Erkrankung zornig sein

Und so wird ein Kranker bald merken, dass es nicht damit getan ist, sich so zu geben, als mache ihm die Erkrankung nichts aus. Wenn er aber die Abwehr gegen die Bedrohung aufgeben muss, weil das Leugnen nicht weiterhilft oder zu viel Kraft kostet, dann wird er auf diese Erfahrung wahrscheinlich mit dem Gefühl des Zornes reagieren: Warum ich? Warum muss gerade ich so krank werden? Warum ich, der ich doch niemandem etwas zuleide getan habe und im Leben immer anständig war, während andere, die es mit ihrem Lebenswandel nicht so genau nehmen, gesund sind?
Die Frage »Warum gerade ich?« ist eine der Kernfragen, die von Leidenden gestellt werden, wenn nicht *die* Kernfrage überhaupt. Wie man in der Begegnung mit Kranken mit dieser Frage umgehen sollte, davon wird später noch ausführlicher die Rede sein. Es führt nicht weiter, diese Frage religiös zu verbrämen, etwa mit dem Hinweis, man solle sein Leid gläubig als Sühne für die Sünden der Welt aufopfern. »Wen Gott besonders lieb hat, den lässt er

leiden!« , ein schrecklicher Satz, der – leider – immer noch zu hören ist, und ein schreckliches Gottesbild, das hinter einer solchen Aussage steht! Was wäre das für ein Gott, der so über den Menschen verärgert ist, dass er das Leid braucht, um sich besänftigen zu lassen? Was wäre das für ein Gott, dem man nur nahe zu sein vermag, indem man sich quält und Schmerzen erträgt? Sadismus ist keine Eigenschaft Gottes, und Masochismus ist keine Form der Gottesbeziehung. Mag auch in manchen Frömmigkeitsrichtungen ein solches Bild von Gott herumspuken – zu dem Gott, von dem die Bibel uns erzählt, passt es nicht, überhaupt nicht!

In der Phase des Zorns wehrt sich ein Kranker dagegen, sich auf den Weg in und durch die Krankheit einzulassen; aber er hat inzwischen wahrgenommen und verstanden, dass er sich bereits auf diesem Weg befindet. Es ist wichtig, dem Kranken die Möglichkeit zu geben, seinen Zorn zuzulassen und die Wut darüber, dass ihm keine andere Wahl bleibt als zu akzeptieren: Ich bin krank! Und es ist wichtig, diesen Zorn auf keinen Fall moralisch zu bewerten. Wenn Wut und Enttäuschung nicht geäußert werden dürfen bzw. mit einem Verbot belegt werden, bleiben sie in einem haften, und die innere Belastung, die durch die Erkrankung schon groß genug ist, wird noch stärker. Was einmal herausgeschimpft und herausgeklagt ist, tut nicht mehr so weh und hat an Mächtigkeit verloren. Der Volksmund hat dafür eine treffende Bezeichnung: »sich etwas von der Seele reden«.

Wer um diese inneren Mechanismen weiß, wird sich deshalb nicht sofort persönlich angegriffen fühlen, wenn er etwas von diesem Zorn abbekommt, den der Kranke in einem solchen Zustand empfindet: dem Zorn gegen die Krankheit, dem Zorn gegen sich selbst und eben auch dem Zorn gegen die Menschen, die ihn pflegen und sich um ihn kümmern. Es gibt Augenblicke, da kann man einem Kranken nichts recht machen: Ist das Fenster im Zimmer geschlossen, muss es geöffnet werden, weil sonst die Luft zu stickig ist; ist das Fenster im Zimmer geöffnet, muss es geschlossen werden, weil es zieht und man sich erkälten könnte. Mal ist das Brot zu alt und mal zu frisch, mal ist der Tee zu kalt und mal zu heiß: Wie man sich auch bemüht, alles ist falsch! In Wirklichkeit hat man nichts falsch gemacht, jedenfalls nicht mehr als sonst. Man ist vielmehr mit jener Gefühlsebene des Zorns und der Wut konfrontiert, die ein Kranker durchleben muss, um mit seiner Krankheit fertig zu werden. In einer solchen Phase ist es wichtig, die aggressiven Empfindungen zuzulassen, ja, mehr noch, den Betreffenden zu ermutigen, sie nicht aus Angst vor Ablehnung zu unterdrücken, sondern sie auszusprechen. Jedes rationale Argumentieren bzw. der Hinweis auf die Vernunft bringen hier nicht viel; nur das einfühlsame Zuhören hilft weiter.

Mit der Krankheit verhandeln

So wichtig Zorn und Ärger auch sind, und so sehr sie auch wenigstens für einen kurzen Augenblick Entlastung bringen und die Erkrankung etwas erträglicher machen können, der Kranke spürt dennoch sehr bald, dass sich eine Krankheit nicht dadurch beseitigen lässt, dass man wütend auf sie ist. Und so schließt sich der Phase des Zorns meist eine Phase des Verhandelns an. Wenn man sich schon damit abfinden muss, krank zu sein, dann will man wenigstens noch »ein Wörtchen mitreden«: Vielleicht ist ja doch alles nicht so schlimm, vielleicht erhält man ja doch noch einen Aufschub, wenn ... Und nun folgen Pläne bzw. Vorsätze, die ein Kranker gedanklich für sich durchspielt, in der Hoffnung: Wenn ich dies oder jenes tue, dann könnte ich von der Erkrankung verschont bleiben, oder wenigstens von ihren Folgen.

Ein solches Verhandeln kann recht unterschiedlich aussehen. Es zeigt sich etwa darin, dass der Kranke sich ohne ersichtlichen Grund gegen die Therapie auflehnt, die medizinisch notwendig erscheint, und seine ganze Hoffnung auf irgendeine alternative Behandlungsmethode oder auf eine ganz bestimmte Spezialklinik setzt (z. B. die Mistelkur eines Privatsanatoriums oder ähnliche mehr oder weniger seriöse Angebote!). Das Verhandeln kann sich auch auf religiöser Ebene zeigen, z. B. in dem Versprechen: Wenn ich gesund werde, mache ich eine Wallfahrt, oder ich stifte eine Kerze! Oder: Wenn ich hier nochmal heil rauskomme, gehe ich jeden Sonntag in die Kirche und werde einen großen Betrag für eine gute Sache spenden. Realistisches und Unrealistisches, richtige Schritte und hoffnungslose Versuche liegen hier eng nebeneinander – Außenstehende erleben das Verhalten des Kranken als recht zwiespältig.

Aber genau diesen Zwiespalt heißt es auszuhalten und zu verstehen; er ist ja ein äußeres Bild jener inneren Zerrissenheit, in der der Kranke sich befindet. Es gilt, was immer gilt, wenn man einem Menschen in einer ungewissen bzw. zwiespältigen Situation zur Seite stehen möchte: auf keinen Fall unrealistische Hoffnungen machen, aber realistische Erwartungen unterstützen! Falsche Hoffnungen zu wecken ist ja oft nichts anderes als ein Ausdruck der eigenen Unbeholfenheit und Ohnmacht: Ich versuche, mich gegen das Unausweichliche zu wehren, indem ich vor dem anderen (und vor mir selbst!) die Wirklichkeit schönfärbe. Und so kommt es, dass manche Aufmunterung zwar gut gemeint, aber sachlich wie gefühlsmäßig fehl am Platz ist (z. B. die Zusage an einen sterbenskranken Mann: »Im Frühjahr, wenn die Sonne wieder scheint und du auf dem Balkon sitzen kannst, dann geht es mit dir sicher bergauf«). In der Erlebensphase des Verhandelns ist es wichtig, unrealistische Erwartungen eines Kranken behutsam (!) mit der harten Wirklichkeit ins Gespräch zu bringen, damit der Kranke sich nicht in falsche Hoffnungen versteigt; denn je mehr er dies tut, desto schmerzhafter ist später die Enttäuschung sein und desto stärker sind die damit verbundenen Ängste.

Das eigene Schicksal betrauern

Wenn der Kranke merkt, dass auch das Verhandeln letztlich zu keinem Ergebnis führt und dass die Krankheit bestehen bleibt, allem Bemühen zum

Trotz, befällt ihn Traurigkeit und Ohnmacht; er durchlebt die Phase der Depression. Er lässt sich hängen, er wird antriebsarm, denn es wird ihm immer klarer: Ich habe keine Chance; ich habe keine andere Wahl, als ein Ja zu sagen zu dem, was auf mich zukommt! Das macht ihn traurig: Er betrauert den bereits erlittenen Verlust und den Verlust, der ihm noch bevorsteht.

Wie es Menschen in einer depressiven Stimmung ergeht, ist bekannt. Jeder kennt Tage, an denen er einmal »nicht so gut drauf ist«, Tage, an denen ihm nichts gelingen will. Auf eine solche Erfahrung reagiert man dann mit einer depressiven Verstimmung, d. h. man ist traurig über die verpassten Gelegenheiten und die nicht genutzten Chancen. Und man macht sich Vorwürfe: Hätte ich nur ...!

Depressive Durststrecken gehören für viele Menschen, auch für gesunde, zum »täglichen Brot«. Dies hat seine Ursache auch darin, dass der Lebensentwurf vieler Bewohner unseres Kulturkreises auf einer depressiven Grundstruktur aufbaut (nähere Informationen dazu bietet das Buch »Grundformen der Angst« von Fritz Riemann, München 1975). Um nicht missverstanden zu werden – die depressive Grundstruktur ist keine psychische Erkrankung, sondern eine von mehreren möglichen Verhaltensweisen, die ein Mensch wählt, um die vielseitigen Erfahrungen seines Lebens ordnen, handhaben und verarbeiten zu können. Bereits in früher Kindheit hat man sich in diese oder eine andere Lebens- und Überlebensform eingeübt (andere mögliche Lebens- und Überlebensformen sind die zwanghafte, die hysterische und die schizoide

Lebensweise). Warum die Entscheidung gerade für die eine und nicht für die andere Grundstruktur gefallen ist, hängt von vielen Faktoren ab (z. B. von Anerkennung und Ablehnung, Nähe und Distanz u. a.). Erst dann, wenn eine Grundstruktur die psychischen Kräfte derart beeinträchtigt, dass der Betreffende nicht mehr in der Lage ist, die Grundvollzüge seines Lebens einigermaßen selbstständig zu gestalten, erst dann kann von einer Erkrankung gesprochen werden, die der medizinischen und/ bzw. psychotherapeutischen Betreuung bedarf. Die Grenzen zwischen gesund und krank sind hier fließend. Wenn der depressive Anteil aber so stark wird, dass er einen Menschen in seinen alltäglichen Aufgaben behindert, etwa weil er zu antriebsarm, zu melancholisch, zu traurig oder zu sehr in sich zurückgezogen ist, dann wird die depressive Grundstruktur zur depressiven Erkrankung.

Niemand befindet sich gern in einer depressiven Verstimmung. Wenn daher ein anderer das auslebt, wovor man sich fürchtet, konkret: wenn ein Kranker seine depressiven Gefühle zulässt, dann ist ein Mensch mit depressiver Grundstruktur davon stärker betroffen als von anderen Empfindungen, die der eigenen Grundstruktur nicht so nahe liegen wie die depressiven Erlebensweisen. Diese Betroffenheit wehrt man ab, indem man innerlich auf Distanz geht zu diesem Gefühl sowie zu der Person, mit der dieses Gefühl verbunden ist. Man wird ungeduldig, denn man will (unbewusst) dem anderen nicht das zubilligen, was man sich selbst verbietet. So ist es für Menschen mit einer depressiven Grundstruktur gerade während der depressiven

Erlebensphase eines Kranken schwierig, diesem adäquat zu begegnen. Sehr schnell kann es beim Begleiter zu Fluchttendenzen kommen, zu Ausflüchten in oberflächliche und unrealistische Aufmunterungsversuche – und das nicht nur, um dem Kranken Trost zuzusprechen, sondern vor allem, um sich selbst vor der traurigen Wirklichkeit zu schützen. Man will nicht in die Depressivität abstürzen, zumal man intuitiv spürt, wie absturzgefährdet man ist.

Wer aber nicht trauern darf, kann auch nicht loslassen. Trauern ist eine notwendige Voraussetzung dafür, einen Verlust anzunehmen und positiv zu verarbeiten. Was nicht betrauert ist, kann nicht verabschiedet werden. Daher ist es wichtig, einen Kranken zum Trauern zu ermutigen und ihm Zeit zur Trauerarbeit zu lassen, auch wenn – aus Gründen, die oben kurz angedeutet wurden – eine solche Trauerphase einen persönlich stark belastet. Dem Kranken muss es möglich sein, all das ungefiltert und ohne moralische Bewertung aussprechen zu dürfen, was ihm auf dem Herzen liegt: Ängste, Schuldgefühle, Verbitterungen, Zweifel, Scham, Wut … Was ausgesprochen ist, macht nicht mehr so stumm.

Im Gegensatz zur Phase des Zorns wird sich die Wut jetzt nicht mehr kraftvoll und kämpferisch zeigen, sondern eher verhalten. Der Kranke weiß bereits um seine Niederlage gegenüber der Erkrankung: Es hat ja doch alles keinen Zweck mehr!

Die Phase der Depression ist – ebenso wie die vorher genannten Erlebensweisen – eine Durchgangsphase. So notwendig es ist, einem Kranken hierfür viel Zeit zu lassen, so wichtig ist es auch, in diesem Gefühlszustand nicht stecken zu bleiben. Deshalb wird ein Begleiter nicht nur die depressiven Empfindungen eines Kranken zulassen bzw. ihn dazu ermutigen, sondern er wird parallel dazu mit ihm nach Schritten Ausschau halten, um aus der depressiven Stimmung wieder herauszukommen. Er wird mit ihm nach denjenigen Lebensmöglichkeiten suchen, die noch verblieben sind. Das kann in der Ermutigung des Kranken bestehen, jene alltäglichen Handgriffe und Dinge, die er noch selbst zu tun vermag, auch tatsächlich eigenständig zu verrichten (ein wichtiger Grundsatz in der Pflege!), selbst wenn dies zeitlich recht aufwendig sein mag. Das kann darin bestehen, dem Kranken dabei zu helfen, die praktischen Lebensfragen zu lösen, die ihm augenblicklich wichtig sind. Und man wird ihm vor allem die Erfahrung von Nähe schenken (räumlich wie körperlich), damit er spürt: Ich bin trotz meiner Traurigkeit und meines »Durchhängens« nicht abgeschoben und vergessen. Es geht also um den Aufbau einer realistischen Hoffnung: Was ist noch möglich, was ist mir noch geschenkt, was sehe ich zu schwarz, was sehe ich zu rosig?

Die Krankheit annehmen

Hat der Kranke den Verlust, der mit einer Krankheit verbunden ist, einigermaßen betrauert, dann ist er innerlich so weit, ein bewusstes Ja zu seiner Lage zu sagen. Die depressiven Gefühle lassen nach; es beginnt die Phase der Annahme. Auch für die Umstehenden erkennbar, hat sich der Kranke in sein Schicksal hineingefunden. Er wehrt nicht mehr ab, er klagt nicht mehr ständig, er zieht sich auch nicht mehr verbittert zurück, er akzeptiert vielmehr: Ja, so ist es, ich bin krank, und auch als Kranker empfinde ich mein Leben als sinnvoll und einigermaßen lebenswert! Aus dem kräftigen Nein (in der Phase des Nichtwahrhabenwollens) ist jetzt – nach langem, oft qualvollem inneren Ringen – in der Phase der Annahme ein bewusstes Ja geworden.

Wer einen Kranken in dieser Gefühlslage antrifft, wird erstaunt sein über dessen Gelassenheit und innere Ruhe, und wenn er das Krankenzimmer wieder verlässt, merkt er: Nicht nur ich habe dem Kranken etwas gegeben, sondern auch er hat mich reichlich beschenkt. Es ist die Haltung der Gelassenheit und des Vertrauens darauf: Was auch immer kommen mag, es wird letztlich alles gut werden! Es ist die Haltung, die der Dichter Eduard Mörike in einem oft zitierten Gebet so umschreibt:

»Herr! schicke, was du willst,
Ein Liebes oder Leides,
Ich bin vergnügt, dass beides
Aus deinen Händen quillt.«

Hat ein Kranker sich und sein Schicksal in dieser Weise angenommen, dann bedarf es meist keiner tiefgründigen Gespräche mehr über den Sinn der Krankheit und über all die Fragen, die damit verbunden sind. All das hat der Kranke ja bereits mit sich verhandelt und ausgehandelt, und zwar jetzt mit dem Ergebnis: Ja, es darf so sein! So wird sich

die Unterhaltung wieder mehr den Dingen des Alltags zuwenden. Ein Mensch, der für sich einen Weg gefunden hat, mit seiner Krankheit zurechtzukommen, und für den die Phasen des Sich-Weigerns, des Grübelns, des Fragens und des Suchens vorbei sind, will nun wieder in die Welt der Gesunden hineingenommen werden und an ihrem Tagesablauf teilhaben. Deshalb kann es für ihn jetzt wieder ganz wichtig werden, ob der Fußballverein das letzte Spiel gewonnen hat, wer bei der Probe des Gesangvereins gefehlt hat und warum die Enkeltochter schon wieder neue Schuhe braucht.
In dieser Phase kommt der Körpersprache eine besondere Bedeutung zu (was nicht heißt, dass Körpersprache vorher unwichtig war). Durch Berührungen und Gesten der Zärtlichkeit – und mögen sie noch so klein sein – erfährt der Kranke Liebe und Zuwendung. Ein Zeichen sei besonders erwähnt: das Halten der Hand. Die Hand ist ein Körperorgan, das sehr empfindsam ist und in dem viele Nervenstränge zusammenlaufen. Blinde etwa können mit ihren Händen sehr viel ertasten. Wer einem bewusstlosen Menschen die Hand hält, kann häufig die Erfahrung machen, dass der Betreffende dies wahrnimmt und darauf reagiert. Über die Hand ist Kommunikation selbst dann möglich, wenn eine Verständigung über Worte nicht mehr gegeben ist. So kommt es nicht von ungefähr, dass in der Liturgie der katholischen Kirche das Sakrament für die Kranken, die Krankensalbung, als ein wichtiges Zeichen neben der Salbung mit Öl die Handauflegung kennt.

Wie Kranke sich in ihrer Krankheit erleben und wie sie in ihrem Erleben begleitet werden können

- **Die Phase des Nichtwahrhabenwollens und der Isolierung der Gefühle:**

Der Kranke sagt: »Nein, ich nicht!«
Der Begleiter respektiert die Abwehr. Er hält sie aus, wartet ab. Er nimmt die Angst und Unsicherheit des Kranken wahr, ohne sie zu korrigieren. Abwehr und Angst dürfen sein; niemand braucht sich zu schämen.

- **Die Phase des Zorns:**

Der Kranke sagt: »Warum gerade ich?«
Der Begleiter ermutigt, den Zorn zuzulassen und auszusprechen. Er hört – mit einer notwendigen inneren Distanz (Empathie!) einfühlsam zu; auf ein rationales Argumentieren verzichtet er. Vorwürfe seitens des Kranken weiß er einzuordnen, d. h. er nimmt sie nicht persönlich.

- **Die Phase des Verhandelns:**

Der Kranke sagt: »Vielleicht komme ich noch einmal davon!«
Der Begleiter bemüht sich darum, den Zwiespalt im Inneren des Kranken zu verstehen. Er vermeidet es, falsche Hoffnungen zu wecken, und er versucht, realistische Hoffnungen zu unterstützen.

- **Die Phase der Traurigkeit und der Depression:**

Der Kranke sagt: »Was bedeutet das alles für mich?«
Der Begleiter ermutigt zum Trauern; oberflächliche Mut-mach-Sprüche vermeidet er. Er lässt es zu, dass Schuldgefühle, Scham, Schmerz, Angst und Aggressionen ausgesprochen werden und somit Trauerarbeit geschieht. Er versucht, das Selbstbewusstsein zu stärken. Und vor allem: Er hält bei dem Kranken aus und schenkt ihm seine Nähe.

- **Die Phase der Annahme:**

Der Kranke sagt: »Ja, es geht auch so!«
Der Begleiter bleibt dem Kranken nahe. Die Bereitschaft, die Krankheit zu durchstehen, sie zu bekämpfen und notfalls mit ihr auch in Zukunft weiterzuleben, wird unterstützt. Es geht darum, zu der Haltung zu finden: Mein Lebenshunger ist stärker als meine Krankheit!, und nicht: Meine Krankheit verdirbt mir mein Leben!

So hilfreich Verstehenshilfen auch sein können, sie bergen auch eine Gefahr: Wenn sie zu starr und zwanghaft aufgefasst und angewendet werden, gehen sie an der individuellen Wirklichkeit vorbei. Das Leben lässt sich nicht in starre Verhaltensmuster zwingen, eine Erkrankung erst recht nicht. Das gilt auch für den Versuch, anhand der genannten Schritte das Erleben eines Kranken besser zu

verstehen. Die einzelnen Phasen überlagern sich, sie wiederholen sich häufig, und sie haben fließende Übergänge. Sie sind nicht als ein starres zeitliches Nacheinander zu sehen, sondern als mögliche Begegnungs- und Umgehensweisen mit einer Erkrankung; Umgehensweisen, die allerdings nicht beliebig so verlaufen, sondern eine innere Zuordnung haben und Teile des Weges sind, der von einem »Nein, so nicht!« zu einem »Ja, es darf so sein!« führen will. Dieser Zielpunkt wird allerdings nicht immer erreicht; die Widerstände, sich auf den Prozess der Erkrankung auch innerlich einzulassen, sind oft sehr groß, ja unüberwindbar.
So möchte ich ausdrücklich davor warnen, das Modell der fünf Erlebensphasen eines Kranken rein schematisch anzuwenden, den Kranken – fast wie bei einer Diagnose – auf eine ganz bestimmte Gefühlsebene festzulegen und dann auch das eigene Verhalten präzise genau darauf auszurichten. Das hätte zur Folge, dass viele andere Zwischen- und Nebentöne, die der Kranke einem zusendet bzw. die man in sich selbst wahrnimmt, übersehen würden, weil sie zu der diagnostizierten Erlebensphase theoretisch nicht passen.

»Urteile nie über einen Menschen, wenn du nicht zwei Tage und zwei Nächte lang in seinen Mokassins gelaufen bist!« Worauf es im Grund für einen Begleiter ankommt, ist, mit dem Kranken »laufen zu lernen«.

Deklaration der Menschenrechte Kranker

Ich habe das Recht, bis zu meinem Tode wie ein lebendiges menschliches Wesen behandelt zu werden.

Ich habe das Recht, stets noch hoffen zu dürfen – worauf immer sich diese Hoffnung auch richten mag.

Ich habe ein Recht darauf, von Menschen umsorgt zu werden, die mir Mut machen, anstatt mich mit ihren eigenen Problemen zu belasten.

Ich habe das Recht, Gefühle und Emotionen auf die mir eigene Art und Weise ausdrücken zu dürfen.

Ich habe das Recht, meine Fragen ehrlich und redlich beantwortet zu bekommen.

Ich habe das Recht, offen und ausführlich über meine religiösen und/oder spirituellen Erfahrungen zu sprechen, unabhängig davon, was dies für andere bedeutet.

Ich habe das Recht, meine Individualität zu bewahren und wegen meiner Entscheidungen nicht verurteilt zu werden, auch wenn diese nicht mit den Einstellungen anderer übereinstimmen sollten.

Ich habe das Recht, kontinuierlich medizinisch und pflegerisch versorgt zu werden, auch, wenn es »nur noch« um mein Wohlbefinden geht und nicht mehr um meine Heilung von einer Krankheit.

Ich habe das Recht, schmerzfrei zu sein.

Ich habe das Recht, nicht alleine zu sterben.

Ich habe das Recht, von meiner Familie und für meine Familie Hilfen zu bekommen, damit ich und sie meinen Tod annehmen können.

Ich habe das Recht zu erwarten, dass die Unverletzlichkeit des menschlichen Körpers nach dem Tod respektiert wird. Meine Wünsche sind auch diesbezüglich zu akzeptieren.

Einen Kranken besuchen – und was man dabei richtig und falsch machen kann

Wer Menschen im hilfreichen Dienst
von Pflege und Annahme,
von Aufmunterung und Hilfe,
von Zuvorkommenheit und Behutsamkeit,
von hoffnungsvoller Vorsicht
und taktvoller Rücksicht
beisteht,
übersetzt so die helle Botschaft der Ostern
in dunkle und verhangene Tage.
Er buchstabiert so täglich neu
Erlösung und Befreiung,
Auferstehung und Aufbruch,
Aufstehen und Hoffnung,
Morgen und Ewigkeit.

HANS WALLHOF

Krank war ich – und ihr habt nach mir gesehen. Herr, wann haben wir dich gesehen und sind zu dir gekommen? Wahr ists, ich sage euch: So viel ihr nur einem dieser meiner geringsten Brüder getan – mir habt ihr es getan.

AUS MATTHÄUS 25,31–46

»Der arme Mensch lag krank im Bett, da rauschte eine Dame aufgedonnert ins Krankenzimmer in der neuesten Kollektion aus Paris, braungebrannt vom letzten Urlaub, und zeigte, wie toll es ihr geht« (Beobachtungen eines Krankenhauspfarrers).
Ein Krankenbesuch, wie er nicht sein sollte. Bei der Begegnung mit Kranken ist Fingerspitzengefühl gefragt. »Das Gegenteil von gut ist gut gemeint«, sagt ein Sprichwort. »Gut gemeint« reicht beim Krankenbesuch nicht. Dafür steht zu viel auf dem Spiel: Der Mensch, den ich besuche, befindet sich ja in einer belasteten Situation.
Deshalb hier einige Empfehlungen für einen Krankenbesuch:

- Sprechen Sie den Zeitpunkt Ihres Besuchs mit denjenigen Personen ab, die den Kranken ebenfalls besuchen wollen; der Kranke hat mehr davon, wenn nicht alle auf einmal kommen.

- Lassen Sie den Kranken selbst bestimmen, wie lange Ihr Besuch dauern soll. Achten Sie auf die (oft nonverbalen) Signale, die er gibt, wenn es ihm zu viel wird – das kann manchmal früher sein als erwartet.

- Machen Sie Ihren Besuch zu einer Zeit, die dem Kranken passt: Es geht ihm nicht zu jeder Tageszeit gleich gut.

- Es kann allerdings auch sein, dass der Kranke nicht besucht werden möchte, weil er sich in seinem derzeitigen körperlichen oder seelischen Zustand einem Außenstehenden nicht zeigen bzw. zumuten will. Akzeptieren Sie diesen Wunsch; er dient dem Selbstschutz des Betreffenden. Man kann auch durch einen Brief, eine Postkarte oder einen Telefonanruf seine Verbundenheit ausdrücken.

- Wählen Sie bei einem Besuch Ihr Mitbringsel mit Bedacht aus. Soll es ein Blumenstrauß sein, dann nehmen Sie einen kleinen; denn wenn viele sich für Blumen entscheiden, verwandelt sich das Krankenzimmer sehr leicht in einen Blumenladen. Dass man nur das an Essbarem schenkt, was der Kranke auch zu sich nehmen darf, versteht sich von selbst. Achten Sie beim Mitbringen von Büchern darauf, dass auch das Lesen anstrengend sein kann; ein Buch mit kleinen, leicht verstehbaren Geschichten ist meist angebrachter als ein Buch mit einer komplizierten wissenschaftlichen Abhandlung.

- Setzen Sie sich nicht auf das Bett des Kranken, auch wenn er Sie dazu auffordern sollte. Legen Sie auch keine Gegenstände auf dem Bett ab. Das Bett ist der letzte private Bereich, der dem Kranken geblieben ist – das sollte respektiert werden.

- Nehmen Sie sich – wenn möglich – einen Stuhl und setzen Sie sich. Wenn Sie stehen bleiben, wirken sie sehr groß gegenüber dem Kranken, der liegen muss. Und wer stehen bleibt – oder seinen Mantel anbehält –, kann den Eindruck erwecken, er habe keine Zeit und wolle gleich wieder gehen.

- Lassen Sie es den Kranken bestimmen, ob es im Gespräch mit Ihnen bei einer kurzweiligen Plauderei bleibt oder ob auch tiefer gehende Fragen behandelt werden sollen. Erzählen Sie, was inzwischen draußen in der »Welt der Gesunden« passiert ist; der Kranke hat ein Bedürfnis nach Kontakt mit der Außenwelt. Aber unterlassen Sie die Bemerkung, dass alles auch ohne den Kranken prima läuft.

- Sprechen Sie über die Krankheit nur in dem Maß, wie der Kranke es selber tut. Meist ist es ihm nämlich lästig und unangenehm, jedem Besucher von neuem seine ganze Krankheitsgeschichte erzählen zu müssen. Achten Sie darauf, dass sich Ihr eigener Wunsch nach Informationen über die Krankheit nicht allzu stark in den Vordergrund schiebt.

- Fallen Sie dem Kranken, wenn er von seinen Sorgen und Ängsten erzählt, nicht mit voreiligen Beschwichtigungen und Tröstungsversuchen ins Wort. Sätze wie: »Mach dir nichts draus, es wird schon wieder!«, können beim

Betreffenden das Gefühl hervorrufen, trotz allen Redens nicht verstanden zu werden. Und unterlassen Sie es, darauf hinzuweisen, anderen Personen gehe es genauso schlecht oder noch viel schlechter. Eine solche Bemerkung – auch wenn sie als Trost gemeint ist – hilft dem Kranken keinen Schritt weiter.

- Reden Sie im Beisein eines Kranken nie über Dinge, die ihn persönlich betreffen, ohne ihn selbst in das Gespräch mit einzubeziehen. Sonst fühlt er sich entmündigt und wie eine »Sache« behandelt.

- Flüstern Sie im Beisein eines Kranken nicht mit anderen; dies könnte in ihm die Angst hervorrufen, es würden ihm wichtige Sachen verheimlicht. Bei Kranken, die kaum oder nicht mehr ansprechbar sind, gilt die Regel, sich so zu verhalten, als seien sie aufnahmefähig – wer will schon genau wissen, was und wie viel ein Kranker noch wahrnimmt.

- Haben Sie keine Angst vor Gesprächspausen. Auch wenn man miteinander schweigt, kann sich vieles ereignen. Und wenn Sie Ihre Hand auf die Hand des Kranken legen, kann dies beredter sein als viele Worte.

- Lassen Sie den Kontakt zu einem Kranken nicht abbrechen, wenn seine Erkrankung länger andauert als erwartet. Die Erfahrung zeigt, dass Besuche immer seltener werden, je länger eine Krankheit sich hinzieht. Aber gerade dann, wenn die Genesung auf sich warten lässt und vom Kranken viel Geduld abverlangt wird, ist für den Betreffenden der Kontakt und der Austausch mit anderen noch wichtiger als in der Anfangsphase der Erkrankung.

Mit einem Kranken im Gespräch sein – und was man dabei beachten sollte

Lebt, denkt und leidet man nicht mit den Menschen seiner Zeit als einer der ihren, so wird man im Augenblick, da man zu ihnen sprechen soll, vergeblich versuchen, seine Sprache ihrem Ohr anzupassen.

HENRI DE LUBAC

Die Sprache ist uns nicht gegeben, damit wir uns gegenseitig täuschen, sondern damit wir unsere Gedanken anderen mitteilen können.

AUGUSTINUS

Sie konnte so zuhören, dass ratlose und unentschlossene Leute auf einmal ganz genau wussten, was sie wollten. Oder dass Schüchterne sich plötzlich frei und mutig fühlten. Oder dass Unglückliche und Bedrückte zuversichtlich und froh wurden. Und wenn jemand meinte, sein Leben sei ganz verfehlt und bedeutungslos und er selbst nur igendeiner unter Millionen, einer, auf den es überhaupt nicht ankommt und der ebenso schnell ersetzt werden kann wie ein kaputter Topf – und er ging hin und erzählte alles das der kleinen Momo, dann wurde ihm, noch während er redete, auf

geheimnisvolle Weise klar, dass er sich gründlich irrte, dass es ihn, genauso wie er war, unter allen Menschen nur ein einziges Mal gab und dass er deshalb auf seine besondere Weise für die Welt wichtig war.
So konnte Momo zuhören!

MICHAEL ENDE

»Immer, wenn ich in das Zimmer von Herrn N. gehe, fühle ich mich so hilflos. Was soll ich ihm denn sagen? Ich weiß doch auch keine Antwort!« So erzählte eine Klinikseelsorgerin in einem Teamgespräch mit Kolleginnen und Kollegen. Herr N., den die Seelsorgerin begleitete, war krebskrank, und es war abzusehen, dass er nicht mehr lange zu leben hatte.
Das macht ja das Gespräch mit einem kranken Menschen häufig so schwer und unterscheidet es von vielen anderen Unterhaltungen des Alltags: Ich, der (vermeintlich) Gesunde, weiß oft keine Erklärungen und keine Antwort. Wie soll ich auch verstehen, dass dieser Mann bald an einem schweren Krebsleiden sterben wird, während seine gleichaltrigen Arbeitskollegen kerngesund sind und bereits den nächsten Urlaub planen? Medizinische Aussagen, soweit sie möglich sind, helfen hier auch nicht weiter; die Angaben auf dem Krankenblatt und die Auswertung von Untersuchungsergebnissen ergeben noch längst keine Sinndeutung.

- **Befreien Sie sich von dem inneren Druck, einem Kranken auf die Fragen nach dem Sinn der Krankheit und dem Warum des Leids eine Antwort geben zu müssen!**

Selbst wenn ein kranker Mensch direkt fragt: »Warum gerade ich?«, will er meist nicht in eine philosophische Diskussion über die Sinnfrage eintreten, sondern mit seiner Aussage auf seine innere Not aufmerksam machen, auf das Dunkel, das in ihm herrscht, und auf das Ringen, das sich in ihm abspielt: Da, schau, wie es in mir aussieht! Eine Antwort bestünde dann darin, ihm deutlich zu machen: Ich nehme deine Not wahr, ich lasse sie, soweit mir dies möglich ist, an mich heran. Der Kranke darf ruhig spüren, dass ich genauso hilflos bin wie er. So paradox das klingen mag: Meine Hilflosigkeit kann ihm mehr Hilfe sein als manch noch so ausgeklügelte verbale Antwort – merkt doch der Kranke an meiner Hilflosigkeit, dass er in seinem Empfinden nicht allein ist und dass er sich seiner Ängste und Schwächen nicht zu schämen braucht. Dass meine Hilflosigkeit und meine Betroffenheit echt sein müssen und nicht vorgespielt werden dürfen, das versteht sich von selbst.
Zudem, wer weiß schon eine Antwort auf die Frage, warum es das Leid gibt und welchen Sinn es hat? Die Frage ist so alt wie die Menschheitsgeschichte – eine Antwort darauf wird es auf dieser Erde nicht geben! Im Alten Testament, im Buch Ijob, wird der Versuch unternommen, mit der Frage »Warum das Leid?« irgendwie zu Rande zu

kommen. Aber auch hier findet sich keine eindeutige Antwort. Die Freunde, die eine Erklärung für das Elend des Ijob parat haben, werden abgewiesen. Auch Gott erklärt nicht, warum es das Leid gibt und welchen Sinn es hat. Er sagt nur: Vertraue! Vertraue, dass ich, dein Gott, die Gesetze und Geheimnisse der Welt und des Menschen kenne und in der Hand habe und dass ich nicht den Untergang des Menschen will, sondern sein Leben.
Immer wieder, in Gebeten wie in Predigten, wird betont, Krankheit und Leid erhielten ihren Sinn im Blick auf das Leiden und den Kreuzestod Jesu. Solche Erklärungsversuche berufen sich gern auf eine Aussage des Kolosserbriefs: »Jetzt freue ich mich in den Leiden, die ich für euch ertrage. Für den Leib Christi, die Kirche, ergänze ich in meinem irdischen Leben das, was an den Leiden Christi noch fehlt« (Kol 1,24). Das menschliche Leiden als Teilnahme am Leiden Christi, als Partnerschaft mit dem leidenden Christus … Ich will hier nicht in die theologische Diskussion eines solchen Gedankens eintreten, aber ich möchte zur Vorsicht mahnen! Als Gesunder lässt sich das leicht dahersagen: Anteil haben am Leiden Christi, für Christus das Kreuz tragen, sein Kreuz mittragen …! Ob aber einem Kranken solche Deutungen helfen? Ob da nicht – im Gegenteil – in ihm das bittere Gefühl aufkommen kann: Da wird die Schwere meines Leidens mit frommen Worten verharmlost, und wenn ich das für mich in dieser Art nicht nachvollziehen kann und mich dagegen wehre, dann sieht es so aus, als fehle es mir an festem Glauben und Gottvertrauen?!

Etwas anderes ist es, wenn eine solche Sinndeutung durch den Kranken selbst vorgenommen wird. Mir als Gesundem steht es nicht zu, den Versuch eines Kranken, für sein Leiden einen Sinn zu finden, von vornherein zu beurteilen und zu bewerten, selbst wenn seine Sinnerklärung – meiner Auffassung nach – merkwürdig ausfällt.

- **Ein Gesunder hat nicht das Recht, einem Kranken eine Sinndeutung für sein Leid vorzubuchstabieren. Wohl aber hat er die Aufgabe, mit dem Kranken über dessen eigene Sinnfindung und Sinndeutung ins Gespräch zu kommen.**

Das gilt nicht nur für die Sinnfrage bezüglich Krankheit und Leid; jede Sinndeutung, die an den Sinnsuchenden von außen herangetragen wird mit der Bestimmtheit: »Das ist so!«, ist wenig konstruktiv. Sie ist nicht in der konkreten Erfahrung dessen verankert, dem sie helfen möchte. Und so weiß jener mit solchen Erklärungen auch wenig anzufangen.

Die Frage nach dem Warum muss aus dem Betroffenen selber kommen und in ihm selbst Gestalt annehmen; wird sie aber einmal in ihm lebendig, dann braucht sie Gesprächspartnerinnen und -partner, die ihn auf der Suche nach einer Antwort begleiten, ihm Fragen stellen, ihm Alternativen aufzeigen und ihm weitere Möglichkeiten anbieten. Der Gesprächspartner ist Begleiter, nicht Führer oder Anweiser. Nur wenn die Sinnfrage in einem selbst gewachsen und gereift ist, kann sie zu einer Antwort führen, die trägt.

- **Bezüglich der Sinnfrage ist im Gespräch mit einem Kranken eher Zurückhaltung und Vorsicht angebracht als eine vorschnelle Deutung.**

Neben der Gefahr der vorschnellen Deutung gibt es die Gefahr des vorschnellen Trostes. Man sieht den kranken Menschen in seinem Elend, möchte ihm etwas Gutes und Aufmunterndes sagen, und dann kommt es zu Sätzen wie diesen: »Kopf hoch, es wird schon wieder werden!«, oder: »Ist erst einmal das Frühjahr wieder da und die Sonne scheint, dann sieht alles anders aus!« Und wenn wir uns verabschieden, tun wir dies mit den Worten: »Gute Besserung!«
Das mag alles ehrlich gemeint sein. Aber was spielt sich da in Wirklichkeit ab? Wie muss der Wunsch »Gute Besserung« in den Ohren eines Kranken klingen, der nicht mehr an seine Genesung glaubt? Ein Kranker weiß meist besser als seine Besucher, wie schlimm es um ihn steht und ob mit einer Heilung überhaupt noch zu rechnen ist. Allerdings teilt er seine innere Not den Angehörigen und Besuchern oft nicht mit, sei es, dass diese Ängste in ihm selbst noch recht diffus und kaum benennbar sind, sei es, dass er die anderen mit seinem Schicksal nicht belasten will. Das gilt auch umgekehrt. In der Absicht, es dem Kranken nicht noch schwerer zu machen, flüchten sich Gesunde in Aufmunterungen,

die sich, wenn sie auf die Realität hin überprüft werden, als unehrlich erweisen, weil die medizinischen Fakten dagegen sprechen. Es gibt nun einmal keine Besserung, wenn man mit einer Erkrankung weiterleben muss, anstatt sie zu besiegen, und die Sonne des Frühjahrs wird hier auch nicht viel helfen.

Oft übersieht man zudem, dass man mit solchen sicherlich gut gemeinten Aufmunterungen weniger den Kranken schonen will als vor allem sich selbst. Wenn »im Frühjahr alles besser wird«, kann man ja abwarten, und man muss sich nicht bereits jetzt persönlich der Not und der Verzweiflung des Kranken stellen und den Gefühlen, die in einem selbst dabei wach werden. Der Satz: »Er soll nicht wissen, dass es für ihn keine Hoffnung mehr gibt«, muss eigentlich heißen: Ich selbst möchte es nicht wahrhaben, dass es aussichtslos ist. Ich habe Angst vor meiner eigenen Betroffenheit. Ich gebe vor, den Kranken schützen zu wollen, aber im Grunde schütze ich mich selbst!

- **Gehen Sie im Gespräch mit Kranken vorsichtig und sensibel mit Ihren Worten um. Vermeiden Sie Floskeln. Oberflächlichen Trost empfindet der Kranke nicht als Hilfe, sondern als ein Nicht-Ernst-Nehmen seiner Situation.**

Falsche Rücksichtnahme und oberflächlicher Trost führen letztlich in die Distanz, in die gegenseitige Entfremdung. Sie sind gerade dann fehl am Platz, wenn Nähe und Verstehen hilfreich wären. »Herr Pfarrer, wenn Sie meinen Mann besuchen, dann sagen Sie ihm bitte nicht, wie schlimm es um ihn steht. Er weiß von nichts, er soll unbelastet sterben«, bittet eine Frau den Klinikpfarrer. Als dieser am Bett des Betreffenden sitzt, meint der Kranke: »Herr Pfarrer, es wird nicht mehr lange mit mir dauern. Ich spüre es irgendwie. Aber sagen Sie bitte nichts davon meiner Frau. Ich will sie nicht beunruhigen. Sie braucht später noch genug Kraft, wenn ich nicht mehr da bin.«

Zwei Menschen meinen es gut miteinander, sie wollen einander schonen, und doch berauben sie sich dabei einer Erfahrung, die für beide wichtig und für die spätere Trauerarbeit unverzichtbar ist: Sie scheuen den offenen, ehrlichen Umgang miteinander, das Teilen und das gemeinsame Tragen von Angst und innerer Not, und sie geben damit die Möglichkeit aus der Hand, sich noch einmal all das sagen zu können, was man sich sagen möchte. Hier gilt, was Elisabeth Kübler-Ross in ihren Überlegungen zu den Sterbephasen für wichtig hält: Ohne eine bewusste Annahme der Situation, mag sie noch so bedrohlich sein, kann letztlich ein Loslassen und damit die Bewältigung dieses Lebensabschnitts nicht gelingen.

Wie offen und ehrlich soll man also mit einem Kranken über die Schwere oder gar die Unheilbarkeit seiner Erkrankung sprechen? Der Krankenhausalltag kennt – sicherlich etwas pauschal dargestellt – zwei Extreme: Entweder wird der Kranke schonungslos mit der Realität konfrontiert, ohne große Rücksicht darauf, wie er dieses Wissen verkraftet, oder er wird eben nicht aufgeklärt bzw. es bleibt bei vagen Andeutungen, mit der Begründung, man wolle den Kranken schonen. Zur Frage der Wahrheit am Krankenbett gilt meines Erachtens Ähnliches wie das, was Pädagogen bezüglich der sexuellen Aufklärung von Kindern raten: auf alle Fragen zu antworten, die konkret gestellt werden, in dem Umfang, wie dies aus der Fragestellung erforderlich ist, und die Antwort so zu geben, dass sie ehrlich ist und später nicht zurückgenommen werden muss. Das Gespräch mit kranken Menschen kann keine Unehrlichkeit vertragen, aber auch keine »Teufelswahrheit«, d. h. eine Wahrheit um jeden Preis, ohne jede Rücksicht darauf, was diese Wahrheit bei dem anrichtet, dem sie gilt.

- **Bleiben Sie ehrlich in Ihren Antworten, selbst wenn es Ihnen schwer fällt, unangenehme Wahrheiten auszusprechen. Weichen Sie der Angst, die damit verbunden ist, nicht aus; der Kranke kann es ja auch nicht. Das Den-anderen-Schonen führt häufig zu einer Unehrlichkeit, die der Kranke spürt und die ihn in dem bitteren Gefühl zurücklässt, nicht verstanden zu werden.**

Offen und ehrlich, ohne Verstellung, mit einem Kranken umzugehen braucht viel Zeit. Man kann einen Menschen nicht darüber informieren, dass er unheilbar krank ist, und dann gleich wieder gehen. Vielleicht misslingt deswegen so häufig in den

Kliniken und Krankenhäusern die Frage der »Wahrheit am Krankenbett«, weil die Ärztinnen und Ärzte, die nach der derzeit üblichen Praxis allein das Recht haben, einen Kranken über seinen Zustand aufzuklären, zu wenig Zeit dafür haben – oder sie sich nicht nehmen.

Bei den Überlegungen zum Gespräch mit Kranken darf der Hinweis auf Symbole und Zeichen nicht fehlen. Der größte Teil der menschlichen Kommunikation geschieht ja nicht über das gesprochene Wort, sondern nonverbal, also über Gesten, Mimik, Gefühle und Zeichen. Was wird wohl ein Kranker empfinden, wenn ich ihm zwar sage, dass ich ihm nahe sein möchte und mit ihm fühle, ihn aber aus Angst, ich könnte mich anstecken, nicht berühre? Gerade wenn das Sprechen schwer fällt, ist der Körperkontakt sehr wichtig. Wir leben in einem Kulturkreis, in dem man z. B. beim Begrüßen bzw. beim Sich-Verabschieden mit Körperkontakten sehr zurückhaltend ist. So finden es viele unpassend, einer fremden Person neben der verbalen auch die körperliche Nähe zu schenken, etwa indem man ihr die Hand hält oder ihr über die Wangen bzw. den Kopf streicht.

Wenn ein Mensch so schwach und hilflos ist, dass ein Gespräch ihn sehr anstrengt, wird die Kommunikation über Berührungen, Gefühle, Sinne usw. sehr wichtig. Gerade die Hand ist ein Organ, über das der Mensch eine Menge an Informationen aufnehmen und weitergeben kann. Die Sensibilität der Hände geht so weit, dass sie für Blinde das wichtigste Wahrnehmungsorgan sind. Häufig kommt es vor, dass Patienten, die im Koma liegen, auf ein verbales Ansprechen nicht mehr reagieren, wohl aber auf einen Händedruck, den sie mit einem Gegendruck oder einer anderen körperlichen Regung beantworten. Kranke, denen in kaum ansprechbarem Zustand das Sakrament der Krankensalbung gespendet wurde, können sich nachher meist nicht an die Gebete und den eigentlichen Salbungsritus erinnern, wohl aber daran, dass ihnen jemand schützend die Hände aufgelegt hat. Da war in ihnen ein Gefühl, das sie im Nachhinein so beschreiben: »Ich spürte, ich bin geborgen und gehalten. Ich spürte, jetzt wird es gut.«

- **Scheuen Sie sich nicht, auch durch körperliche Berührungen und sinnhafte Zeichen mit dem Kranken im Gespräch zu sein. Gesten und Zeichen sagen mehr als Worte und gehen tiefer. Allerdings müssen solche Berührungen ehrlich gemeint sein.**

Immer wieder wird nach ganz konkreten Tipps und Regeln für ein Gespräch mit Kranken gefragt. Dahinter steht wohl die Hoffnung: Wenn ich diese Tipps und Regeln einhalte, dann »mache ich es richtig«, und die eigene Unsicherheit lässt nach. Gespräche sind aber mehr als das Einhalten von Gesprächsregeln.

Neben der Gesprächsebene gibt es eine Beziehungsebene, und auf diese kommt es hauptsächlich an; ist sie behutsam und vertrauensvoll aufgebaut, dann gelingt ein Gespräch. Das, was man dem anderen verbal vermitteln möchte, kann nur dann so ankommen, wie man es meint, wenn die Beziehungsebene zum anderen nicht gestört ist. Welche Worte man dann konkret gebraucht, ist dabei gar nicht mehr so wichtig – Hauptsache, die Beziehung wird als offen und vertrauensvoll erlebt. Allerdings darf die Gefahr nicht unterschätzt werden, dass unbedachtes Daherreden eine vertrauensvolle Beziehung auch zerstören kann; gerade kranke Menschen können diesbezüglich sehr sensibel sein.

Die einzige »Regel«, die es gibt, ist das Achten und Erspüren der eigenen Empfindungen und Gefühle im Gespräch mit dem Kranken. Wenn ich mit einem kranken Menschen rede, geht es mir ja nicht wie einem Bahnschaffner, der Auskunft über die günstigste Zugverbindung gibt. Den Schaffner lässt es innerlich reichlich kalt, ob der Anschlusszug gleich abfährt oder ob ein längerer Zwischenaufenthalt in Kauf genommen werden muss; und wem der Fahrplan der Bahn nicht passt, der hat ja immer noch die Möglichkeit, mit dem Auto zu fahren.

Beim Gespräch mit einem Kranken kann ich mich nicht so ausklinken. Ich kann nicht sagen: Kranksein, das geht mich nichts an, ich komme auch ohne Krankheit durchs Leben! Im Grunde ist jede Begegnung mit einem Kranken eine In-Frage-Stellung meiner eigenen Person und meines eigenen Lebensentwurfs: Was wäre, wenn ich selbst erkranken würde? Wie würde es mir dann ergehen? Welche Ängste hätte ich? Wie viel Geduld und Ausdauer würde ich aufbringen? Wie viel an Hoffnung bliebe mir dann noch? Was alles würde sich

in mir abspielen, wenn ich selbst mit einer Erkrankung zu kämpfen hätte: welche Unruhe, welche Klage, welche Verzweiflung, welche Kraft, welches Durchhaltevermögen? Und wie würde es in mir aussehen, wenn ich nicht mehr gesund würde, sondern mich auf ein Leben mit der Krankheit einrichten müsste?
All diese Fragen tauchen auf, wenn ich mit einem kranken Menschen ins Gespräch komme. Ich kann sie nun entweder zulassen, mich ihnen stellen und so mich selbst und mein Verhalten gegenüber Krankheit und Leid besser kennen und verstehen lernen, oder ich kann diese Fragen übergehen. Aber das wäre eine Selbsttäuschung, denn diese Fragen lassen sich nicht verdrängen; sie werden, wenn auch unbewusst, mein Verhalten beeinflussen, ob ich das will oder nicht. Allerdings, es wird dann schwerer, wenn nicht gar unmöglich, dem Kranken wahrhaftig und authentisch zu begegnen: Wie will ich die Gefühle eines Kranken wahrnehmen, wenn ich mich in meiner eigenen Gefühlswelt bezüglich Krankheit und Leid nicht auskenne?

- **Die beste Vorbereitung auf das Gespräch mit einem Kranken ist die Begegnung mit den eigenen Gefühlen und Ängsten gegenüber Krankheit und Leid. Ich kann einem Kranken nur dann ein helfender Begleiter sein, wenn ich mich mit der Möglichkeit auseinander gesetzt habe, selbst krank zu werden und Begrenzungen zu erfahren.**

Im Altertum gab es die Auffassung, nur der sei ein guter Arzt, der selbst am eigenen Leib all die Krankheiten durchlitten habe, die er bei anderen behandle. Im übertragenen Sinn gilt dies auch für das Gespräch mit kranken Menschen: Wenn man sich seiner eigenen Bedrohung durch Krankheit und Leid stellt und sie immer wieder überdenkt (und nachfühlt!), kann man eigentlich »nichts mehr falsch machen«. Wo Menschen, kranke wie gesunde, einander von ihren Hoffnungen und Ängsten, ihrem Suchen und Zweifeln, ihrer Not und ihrer Zuversicht in Krankheit und Leid erzählen, offen und ehrlich, ohne sich etwas vorzumachen, da geschieht Begegnung, die tröstet und trägt, Begegnung, die weiterhilft und leben lässt.

Und wenn die Krankheit zum Tod führt? – Einige Hinweise zur Sterbebegleitung

Von dem Eigentlichen des Todes kann niemand eine unmittelbare Erfahrung machen – es sei denn, vielleicht der Sterbende selbst.

OTTO PIEPER

Der Tod gehört zum Leben, sagen wir,
doch als er kam, der Tod,
da war er fremd.

Der Tod war abzusehen, sagen wir,
doch als er kam, der Tod,
da kam er überraschend.

Der Tod kam als Erlöser, sagen wir,
doch als er kam, der Tod,
da riss er neue Wunden.

Der Tod kam plötzlich, sagen wir,
er überfiel uns wie ein Räuber,
und was er hinterließ, der Tod,
sind Tränen, Wut, Entsetzen.

Der Tod gehört zum Leben, sagen wir,
doch jetzt,
jetzt, wo der da ist, dieser Tod,
da haben ganz gewohnte Worte
plötzlich wieder einen neuen Klang.

Der Tod gehört zum Leben, sagen wir.
Das stimmt!
Und dennoch bleiben Fragen.
Viele Fragen.

ALFONS GERHARDT

Kranken begegnen kann auch bedeuten, dem Tod zu begegnen. Nicht jede Krankheit vermag geheilt zu werden. Die »Schwester Krankheit«, wie der hl. Franz von Assisi sie in seinem Sonnengesang nennt, hat einen »Bruder«: den leiblichen Tod.
So darf bei den Überlegungen, wie man Kranken begegnet, der Gedanke nicht fehlen, wie man Sterbende begleitet. Zum Problem des menschenwürdigen Sterbens und des Umgangs mit Sterbenden gibt es eine Fülle von Literatur, die sich ausführlich mit dieser Thematik beschäftigt. Deshalb muss hier nicht näher darauf eingegangen werden. Ich möchte mich vielmehr – schlagwortartig – auf ein paar Hinweise beschränken.
Welche Wünsche würde ein sterbender Mensch, wenn er noch die Kraft dazu hätte, an diejenigen richten, die ihn in seiner letzten Lebensphase begleiten und am Sterbebett stehen? Vielleicht diese:

- Lass mich nicht allein. Lass nicht zu, dass in den letzten Augenblicken meines Lebens etwas mit mir gemacht wird, was ich nicht will. Lass mich, wenn es irgendwie einzurichten ist, in einer mir vertrauten Umgebung sterben. Das ist schwer für dich, aber es wird dich bereichern, Sterbebegleiter/in zu sein.

- Bleibe bei mir, wenn mich Zorn, Angst, Traurigkeit und Verzweiflung heimsuchen und hilf mir, zum Frieden hindurchzugelangen.

- Denk nicht, wenn du ratlos an meinem Bett sitzt, dass ich tot sei. Das Leben dauert länger, als die Ärzte sagen. Der Übergang ist langwieriger, als wir bisher meinten. Ich höre alles, was du sagst, auch wenn ich schweige und meine Augen gebrochen scheinen. Darum sage jetzt nicht irgend etwas, sondern das Richtige.

- Das Richtige wäre, mir etwas zu sagen, was es mir nicht schwerer, sondern leichter macht, mich zu trennen; denn das muss ich. Ich ahnte es ja schon, bevor du oder der Arzt es mir mit euren verlegenen Worten mitgeteilt hattet. Also, sag mir, wie du dein Leben ohne mich einrichten wirst. Glaube nicht, es sei herzlos, das jetzt zu erörtern – vielmehr: es macht mich freier.

- Ich höre, obwohl ich schweigen muss und nun auch schweigen will. Halte meine Hand, so bleiben wir miteinander verbunden. Wenn nur noch Zeichen sprechen können, so lass sie sprechen. Wische mir den Schweiß von der Stirn. Streiche mir die Decke glatt. Es sind die Kleinigkeiten, die jetzt zählen.

- So wird auch das Wort zum Zeichen, und so wünsche ich mir, dass du beten kannst. Klage nicht an, es gibt keinen Grund. Sage Dank – ich werde Gott schauen. Ich blicke schon durch die

Tür, hinter der das Leben auf mich wartet. Du sollst von mir wissen, dass ich der Auferstehung näher bin als du selbst.

- Halte fest, was wir zusammen erlebt haben – als ein kostbares Vermächtnis. Lass mein Sterben dein Gewinn sein: Lebe dein Leben fortan etwas bewusster.

So – oder ähnlich – könnten die Wünsche sein, die ein sterbender Mensch an diejenigen hat, die ihn auf dem Weg durch das Sterben begleiten möchten. Nähe, Zeit, Zuwendung, Ehrlichkeit, Einfühlsamkeit, Achtung vor der Würde und der Individualität – das sind nur einige der Stichworte, die hier wichtig sind. Sterben ist ja ein sehr persönlicher Weg: Es gibt nicht das »Sterben an sich«, es gibt nur das Sterben von Frau X bzw. Herrn Y. Deshalb gibt es auch keine »Regeln« für das Sterben. Wie das Leben jedes Menschen einmalig und unverwechselbar ist, so ist es auch sein Sterben.

Das macht jede Sterbebegleitung so spannend: Sie ist nie wie die vergangene, und sie wird sich auch in dieser Weise nie mehr wiederholen. Wer sterbende Menschen begleiten will, muss bereit sein, sich auf diese Einmaligkeit und Individualiät des Begleitungsprozesses einzulassen. Nicht das »Leben an sich«, sondern ein ganz persönlicher Lebensweg geht ja zu Ende. Es stirbt ein Mensch, der einmalig ist, und es auch bleiben wird.

Dies immer vor Augen, möchte ich dennoch versuchen, einige Anhaltspunkte zur Begleitung Sterbender aufzuzeigen – keine Regeln, schon gar nicht

Richtlinien, eher Merkpunkte, Anregungen, Denk- und Handlungsanstöße:

1. Der/Die Sterbende soll sein/ihr Leben in einer ihm/ihr vertrauten Umgebung abschließen können (am besten zu Haus, in der Nähe vertrauter Personen und Gegenstände).

2. Den Angehörigen des/der Sterbenden soll die Möglichkeit gegeben werden, bei dem/der Sterbenden zu bleiben und bei seiner/ihrer pflegerischen Betreuung mitzuhelfen.

3. Es muss alles versucht werden, die personale Würde des/der Sterbenden aufrechtzuerhalten und zu achten (weitmöglichste Schmerzfreiheit, gute hygienische Verhältnisse, kein entmündigendes Reden bzw. Handeln usw.).

4. Sterbebegleitung braucht Zeit. Wer Sterbende begleiten will, muss bereit sein, Nähe (auch körperliche) zu schenken, und fähig sein, eine Atmosphäre der Geborgenheit entstehen zu lassen.

5. Ein/e Sterbende/r gibt »Signale«; er/sie spricht eine eigene »Sprache«. Diese Signale bzw. diese Sprache dürfen nicht übersehen werden. Hier sind Sensibilität, Geduld und Phantasie erforderlich, um gegebenenfalls auch »Dolmetscher/in« zwischen dem/der Sterbenden und den Angehörigen zu sein.

6. Man sollte dafür Sorge tragen, dass die »letzten Wünsche« des/der Sterbenden erfüllt werden (z. B. der Wunsch nach Versöhnung, Verabschiedung, religiöser Betreuung usw.).

7. Eine religiöse Betreuung kann dem/der Sterbenden helfen, sein/ihr Leben in einer ihm/ihr identischen Weise loszulassen. Religiöse Betreuung wird konkret im helfenden und begleitenden Gespräch, im Gebet, in der Feier des Gottesdienstes und im Sakramentenempfang.

8. Wer eine/n Sterbende/n begleitet, muss darauf achten, den/die Sterbende/n in seiner/ihrer ihm/ihr eigenen Lebensgeschichte ernst zu nehmen, ohne die eigenen persönlichen Wünsche in die Begleitungsarbeit hineinzuprojizieren.

Statt eines Nachworts: Die Geschichte vom Bambus – und von jener Art zu leben, wie Kranke es erfahren und wie Gesunde es lernen können

Es war einmal ein wunderschöner Garten. Dort pflegte der Besitzer in der Hitze des Tages spazieren zu gehen. Ein edler Bambusbaum war ihm der schönste und liebste von allen Pflanzen, Bäumen und Gewächsen im Garten. Tag für Tag kam der Mann, um sich in seinem Schatten auszuruhen und mit ihm zu sprechen, und sie wurden Freunde.

Eines Tages näherte sich der Herr nachdenklich seinem geliebten Baum und sprach zu ihm: »Lieber Bambus, ich brauche dich!«

Es schien, als sei der Tag aller Tage gekommen, der Tag, für den der Bambus geschaffen worden war. Der Bambus antwortete leise: »Ich bin bereit, gebrauche mich, wie du willst.«

»Bambus«, die Stimme des Herrn war ernst, »um dich gebrauchen zu können, brauche ich deine Zweige.«

Der Bambus wurde sehr traurig, er wehrte sich, doch dann gab er seine Zweige her. Bald darauf kam der Herr wieder und sagte: »Ich brauche dich ganz. Erlaube mir, dass ich dich umhaue.«

Der Bambus war entsetzt. Nach langem Kampf sagte er schließlich: »Herr, du hast mich gepflanzt, du bist mein Vater. Du kannst mit mir machen, was du willst.« Der Mann schlug die einzelnen Bambusrohre ab. Dann trug er den Bambus dahin, wo schon aus einer Quelle frisches, sprudelndes Wasser sprang, mitten in die trockenen Felder. Dort legte der Herr die Bambusrohre hintereinander auf dem Boden zusammen. Dann leitete er Wasser durch sie. Das klare Wasser schoss durch den zerschlagenen Körper des Bambus auf die dürren Felder. Der Reis wurde gepflanzt, die Tage vergingen, die Saat ging auf, wuchs, und die Erntezeit kam.

AUS ASIEN